THEATERBIBLIOTHEK

Nur eine Scheibe Brot, das erste Theaterstück des damals 21-jährigen Rainer Werner Fassbinder, erzählt von dem Regisseur Hans Fricke, der einen Spielfilm über Auschwitz macht. Je mehr er sich mit dem Grauen beschäftigt, desto weiter entfernt er sich von Freunden und Verwandten, bis hin zur Trennung von seiner Freundin Hanna. Trotz immer stärker werdender Skrupel führt Fricke das Filmprojekt aus Karrieregründen zu Ende. Fassbinders Stück ist ein Stück Zeitgeschichte. Der Versuch einer Annäherung an den Holocaust (oder: an ein verdrängtes Stück Vergangenheit) zur Zeit der Wirtschaftswunderjahre. Er nimmt die Diskussion vorweg, die viele Jahre später die Filme *Holocaust* und *Schindlers Liste* auslösten.
»*Nur eine Scheibe Brot* hat fast drei Jahrzehnte relativ unbeschädigt überdauert. Wie vielen deutschen Stücken gleicher Bauzeit dürfen wir das nachrühmen?«
Ulrich Weinzierl, FAZ

Der Müll, die Stadt und der Tod, das letzte Stück Fassbinders, hat seit seiner Erstveröffentlichung 1976 heftige Kontroversen ausgelöst. Heiner Müller, an einer der Uraufführungsversuche beteiligt, schrieb über das Stück: »Fassbinders *Der Müll, die Stadt und der Tod* beschreibt in großen grellen Bildern am Beispiel der Rache eines Opfers die Verwüstung einer Stadt. Die Stadt heißt Frankfurt. Das Instrument der Rache ist die Grundstücksspekulation mit ihren Folgen. Die Pervertierung menschlicher Beziehungen durch ihren Waren-Charakter belegt die biblische Weisheit, dass der erste Brudermörder, Kain, der erste Städtebauer war. Zu dem Vorwurf hat Fassbinder 1976 alles gesagt: ›Es gibt in diesem Stück auch Antisemiten; es gibt sie aber nicht nur in diesem Stück, sondern, beispielsweise, auch in Frankfurt‹.«

Rainer Werner Fassbinder

Der Müll, die Stadt und der Tod

Nur eine Scheibe Brot

Ein Stück in 10 Szenen

Verlag der Autoren

Bibliografische Information Der Deutschen Bibliothek
Die Deutsche Bibliothek verzeichnet diese Publikation in der Deutschen Nationalbibliografie; detaillierte bibliografische Daten sind im Internet über http://dnb.ddb.de abrufbar.

2. Auflage 2010

Verlag der Autoren GmbH & Co KG
Schleusenstraße 15. 60327 Frankfurt am Main
Telefon 069/238574-0. Fax 069/24277644
E-Mail: theater@verlag-der-autoren.de. www.verlagderautoren.de

Umschlaggestaltung: Bayerl & Ost, Frankfurt am Main
Satz: RG-Datenservice, Darmstadt
Druck: betz-druck GmbH, Darmstadt

Printed in Germany
ISBN 978- 3-88661-206-2

Inhalt

Nur eine Scheibe Brot 7
Der Müll, die Stadt und der Tod 41
Anhang 97

Nur eine Scheibe Brot

Ein Stück in 10 Szenen
mit unverändertem Dekor

PERSONEN

HANS FRICKE, Regisseur
HANNA, seine Freundin
VERA, Schauspielerin
FRIEDRICH VON SAALINGEN, ein Freund
MAX, Regieassistent
JOE, Kameramann
DER PRODUZENT
KEMPER, ein Journalist
DARSTELLER I, II, III, IV (BENDER)
FRICKES VATER
HERR BAUMBACH
FRAU BAUMBACH

Auf der Bühne ist ein Bett, Stühle, ein Schränkchen mit einem Plattenspieler, eine Leinwand und ab und an eine Filmkamera. Zwischen den Szenen wird lediglich das Licht gelöscht.

Erste Szene

Dreharbeiten zu dem Spielfilm NUR EINE SCHEIBE BROT. *Der Kameramann Joe und der junge Regisseur des Films Hans Fricke, der hier seinen ersten langen Spielfilm macht, stehen konzentriert an und neben der Kamera. Statisten – darunter die späteren Darsteller III und IV – und andere Teammitglieder sind ebenfalls auf der Bühne. Die Filmeinstellung konzentriert sich auf den Ausschnitt eines Stacheldrahtzaunes, wo sich die beiden Darsteller, in Häftlingskleidung mit kahlgeschorenen Köpfen, befinden. Es ist zuerst eine langsame Kamerafahrt auf Darsteller I. Dieser beobachtet völlig konzentriert Darsteller II, der ein trockenes Stück Brot kaut. Ein vorproduziertes Tonband mit lauten Kaugeräuschen begleitet die Szene. Darsteller I hat Hunger, er möchte auch etwas zu essen und geht zu ihm. Die Kamera schwenkt mit ihm.*

DARSTELLER I Wo hast du das Brot her?
DARSTELLER II Das geht dich 'n Dreck an!
DARSTELLER I Gib mir die Hälfte ab.
DARSTELLER II Warum?
DARSTELLER I Weil ich Hunger habe.
DARSTELLER II Wir haben alle Hunger.

Darsteller I kommt Darsteller II bedrohlich näher. Der hat sichtlich Angst um den Rest des Brotes, krampft sich zusammen und hält es sehr fest. Darsteller I schlägt ihm ins Gesicht, aber Darsteller II lässt das Brot nicht los. Darsteller I wendet sich dann ab und geht mit gesenk-

tem Kopf weg. Hans Fricke unterbricht die Szene und geht auf Darsteller I zu.

FRICKE Du musst dich noch mehr auf die Kaugeräusche konzentrieren, Ernst. Wir lassen sie ja schon deshalb mitlaufen. Und dann musst du scharf auf das Brot werden, richtiggehend geil. Und nachher, wenn du dich nach der Ohrfeige abwendest, musst du spielen, dass du vor der Unmenschlichkeit des anderen die deine wiederfindest.

Die Szene wird wiederholt. Diesmal läuft das Band mit dem Kaugeräusch nicht mit.
Darsteller I versucht, das Hören des Kaugeräusches zu spielen, er verdreht die Augen, es misslingt ihm. Wieder kommt Darsteller I seinem Kollegen näher, gibt ihm die Ohrfeige und wendet sich dann mit einem Ausdruck ab, den er für den Ausdruck der Menschlichkeit hält. Fricke verlässt den Drehort, der Regieassistent folgt ihm. Darsteller I und II setzen sich auf ihre Schemel und nehmen beide eine Coca Cola.

DARSTELLER II Du bräuchtest nicht so fest zuzuschlagen.
DARSTELLER I Ich dachte, es macht dir Spaß.
DARSTELLER II Ach Gott, die alten Scherze.
DARSTELLER I Man hört ja so manches.

Der Regieassistent kommt zurück und hält ein Blatt Papier in der Hand. Er will etwas vorlesen. Der Kameramann kommt auf ihn zu.

KAMERAMANN Wo bleibt denn Fricke?

ASSISTENT Kann ich nicht sagen. Er hat mir den Wisch hier gegeben, ich soll ihn allen vorlesen. Na, dann trommle sie mal alle zusammen.

Langsam bildet sich eine Gruppe, alle haben etwas zu trinken, dann kommt der Assistent.

ASSISTENT Einen schönen Gruß von eurem Regisseur. Ich soll euch diesen Text vorlesen, und ihr sollt alle mal darüber nachdenken. *Er liest ein paar Passagen aus einem authentischen KZ-Lagerbericht vor.* So oder ähnlich hat es in allen Lagern ausgesehen, in Buchenwald, Dachau, Mauthausen, Flossenbürk, Neuengamme, Groß-Rosen, Sachsenhausen, Auschwitz und wie sie alle sonst noch hießen. Ein KZ bestand aus einer Anzahl von Gebäuden, entweder Holz- oder Steinbaracken. Jedes Gebäude nannte man Block, und es war mit einer Nummer versehen. Er sagte, ein solches Dokument sei wichtiger als zehn Filme über Auschwitz. Ein …

DARSTELLER I Was soll denn das heißen?

DARSTELLER II Wo ist er überhaupt?

ASSISTENT Er ist nach Hause gegangen. Wir machen Schluss für heute.

Zweite Szene

In einem Café, wo Fricke seinen alten Freund Friedrich von Saalingen nach langer Zeit wiedertrifft. Das Gespräch läuft stockend an.

FRICKE Bist du Jude?

SAALINGEN Nein, natürlich nicht. Was für eine dumme Frage, du verzeihst schon.

FRICKE Ja. Natürlich.

Pause.

SAALINGEN Wie kommst du überhaupt darauf? Na ja, dass ich Jude sei?

FRICKE Ach so, das. Konversation, weißt du.

SAALINGEN Ist dir nicht gut? Ich meine, hast du Sorgen?

FRICKE Im Gegenteil, ich habe einen Auftrag.

SAALINGEN Nein, wie schön. Was denn?

FRICKE Ein Film über Auschwitz.

SAALINGEN Drum deine Frage. Na ja. Aber das ist ja eine ganz tolle Möglichkeit, da hast du ja von vornherein alle Preise und Prädikate in der Tasche.

FRICKE Ja. Ein ganz tolles Thema.

SAALINGEN Abgespannt siehst du aus. Aber das ist ja verständlich, an ein solches Thema muss man mit aller Feinfühligkeit herangehen.

FRICKE Ja. Es ist ein wunderschönes Thema.

SAALINGEN Wie bist du denn da drangekommen? Auschwitz, alle würden sich die Finger danach ablecken. Das ist ja eine ganz fantastische Chance, ins Geschäft zu kommen.

FRICKE Mein Produzent sagt, man kann heute schon jungen Leuten einen Film anvertrauen, und es wird ein geschäftlicher Erfolg.

Aus den Kulissen kommt Hanna. Sie geht zur Rampe und macht einen Knicks ins Publikum, nimmt sich einen Stuhl und setzt sich.

HANNA Es ist ganz grässlich, durch den Verkehr zu kommen. *Zu Saalingen.* Bist du auch mal wieder im Lande?

SAALINGEN Ja, kleines Mädchen. Du bist übrigens hübscher geworden. Wie geht es dir ansonsten?

HANNA Danke der Nachfrage, schlecht. Keine Angebote. Und in diesem KZ-Film gibt es keine Rolle für mich.

SAALINGEN Ach, ein reiner Männerfilm.

HANNA Ja. Das wäre doch was für dich. Nur Männer, lauter Männer.

SAALINGEN Gott, die sind sicher alle so dünn.

HANNA Aber nein. Sie haben zwar versucht, solche Typen aufzutreiben wie auf diesen grässlichen Bildern. Trinkt ihr nichts? Ich für mein Teil habe schrecklichen Durst. *Ruft.* Fräulein!

SAALINGEN Mit den Bedienungen ist es hierzulande ja ganz schrecklich. Wenn ich da an Tunesien denke, mon dieu.

Ein gelangweiltes Caféhaus-Gespräch beendet die Szene.

Dritte Szene

Frickes Wohnung. Hanna und Fricke kommen auf die Bühne.

HANNA Sag mal, was hast du eigentlich? Ist was?
FRICKE Mir ist nicht gut.
HANNA Soll ich dir einen Tee machen, oder einen Kaffee?
FRICKE Ich möchte den Film nicht weitermachen.
HANNA Du wirst aber müssen.
FRICKE Ja.

Sie haben sich soweit wie möglich ausgezogen. Fricke geht hinaus, Hanna legt sich auf das Bett, greift zu einer Illustrierten, liest. Sie steht wieder auf, geht zum Plattenspieler, stellt einen Schlager an. Fricke von draußen.

FRICKE Kannst du die Fotos noch mal raussuchen?
HANNA Welche?
FRICKE Die von Auschwitz.
HANNA Schon wieder? Ich träume schon von nichts anderem mehr.
FRICKE Immerhin etwas.
HANNA Meinetwegen.

Wieder geht sie zu dem Schränkchen, auf dem der Plattenspieler steht, holt Bücher heraus und legt sie auf einen Stuhl, Fricke kommt herein.

FRICKE Danke.

Er nimmt die Fotos, blättert sie durch. Hanna geht hinaus.

FRICKE *ruft* Das kann man gar nicht nachbauen.
HANNA *von draußen* Das sollst du ja auch nicht.
FRICKE Aber ich müsste es tun, wenn ich … ach …
HANNA *kommt herein, kämmt sich die Haare* Ich hab dich gern.

Sie geht zum Bett, legt sich hin, Fricke geht zum Bett, legt sich neben sie. Man sieht Hannas nacktes Bein, abgewinkelt nach oben, Hannas Arm hängt über den Bettrand hinunter. Frickes Hand streichelt den Arm entlang, fasst ihre Hand usw. Auf der Leinwand werden die bekannten KZ-Bilder projiziert. Nach einer Weile Frickes Stimme vom Tonband.

FRICKE Ich darf diesen Film nicht machen. Niemand darf diesen Film machen. Man kann das alles doch nur verniedlichen, indem man es darstellt. Es ist doch letztlich nur eine Anmaßung zu sagen, man habe den nötigen Ernst, über dieses Thema einen Film zu machen. Man kann den nötigen Ernst gar nicht haben. Wir haben heute alle den nötigen Ernst nicht mehr. Die Zeiten haben sich doch verändert. Ich weiß nicht mehr, warum dieser Film überhaupt gedreht werden soll. Man kann etwas gänzlich Unbegreifliches nicht formulieren.

HANNA Ich liebe dich.

Nach einer Pause, während sich beide eine Zigarette anzünden.

HANNA Was macht ihr morgen?
FRICKE Die Szene mit dem kleinen polnischen Jungen.
HANNA Der sich für Brot hernehmen lässt?
FRICKE Ja. So ungefähr.
HANNA Ist ja mal reichlich delikat.
FRICKE Delikat kann ich das nicht finden.
HANNA Delikat ist ja vielleicht auch das falsche Wort.
FRICKE Kommst du ins Atelier morgen?
HANNA Ich weiß nicht. Wenn ich Lust habe.

Vierte Szene

Auf der Seite der Bühne in Häftlingskleidung und kahl rasiert, Darsteller III und IV. Lange schaut Darsteller III Darsteller IV an und betrachtet ihn mit sinnlicher Freude.

DARSTELLER III Hast du Hunger?
DARSTELLER IV *versteht ihn nicht.*
DARSTELLER III Von wo bist du? Aus Polen?
DARSTELLER IV *nickt.*
DARSTELLER III Das ist gut. Ich meine, ob du was zu essen möchtest?

Darsteller III macht Bewegungen des Abbeißens und Kauens. Und Darsteller IV freut sich.

DARSTELLER III Aber ich will was dafür.

Darsteller IV begreift nicht und freut sich immer noch. Darsteller III geht auf ihn zu und versucht ihn zu umarmen. Darsteller IV läuft davon.

DARSTELLER III Übermorgen kann ich dich umsonst haben, wenn du dann noch lebst.

Die Kamera mit Kameramann war auf der Bühne und ist von Darsteller zu Darsteller geschwenkt. Fricke kommt mit Assistent auf die Bühne.

FRICKE *zum Kamermann* Wie war das?
KAMERAMANN Bei mir gut.
FRICKE *zu Darsteller III* Ja. Wir sehen uns dann nachher.
DARSTELLER III Ist gut. *Ab.*
FRICKE Wir machen jetzt eine Pause. *Zum Assistenten.* Schick mir doch mal den kleinen Bender her.
ASSISTENT Ich hole ihn, einen kleinen Moment.

Langsam gehen bis auf Fricke alle ab. Fricke setzt sich.

FRICKE Das wäre tatsächlich ein wunderschönes Thema, wenn man es als Science Fiction machen könnte.

Darsteller IV kommt auf die Bühne.

FRICKE Nimm dir einen Stuhl und setz dich einen Moment zu mir.

Darsteller IV setzt sich. Er hat jetzt wieder sein Haar, nicht mehr die Glatzenperücke.

FRICKE Du warst wirklich gut. Und gleich beim ersten Mal.

DARSTELLER IV Wirklich?

FRICKE Ja. Das brauchen wir nicht noch mal zu machen.

DARSTELLER IV Prima.

FRICKE Ja, das war wirklich eine sehr gute Leistung. Wie lange bist du schon dabei?

DARSTELLER IV Das ist meine erste wirkliche Rolle.

FRICKE Mich würde interessieren, was du dir dabei denkst.

DARSTELLER IV Wann?

FRICKE Wenn du so eine Rolle spielst.

DARSTELLER IV *überlegt* Ja, ja – ich konzentriere mich dann ganz auf die Situation meiner Figur und überlege mir, was für ein Typ das überhaupt ist und, und, ja dann auf den Partner, man muss ja abnehmen. Ja, und dann denke ich einfach, jetzt bin ich nicht mehr ich, jetzt bin ich der andere, den ich spielen soll, und dann tu ich das so ganz von alleine, was vorher besprochen worden ist. Aber irgendwo weiß ich dann doch immer noch, dass ich ich bin und dass es den anderen nicht wirklich gibt, verstehen Sie schon, es gibt ihn ja, aber nicht wirklich, meine ich. Ich bin dann ich, und der steht neben mir, und ich bin auch der, ich weiß nicht, wie ich das sagen soll. Ich meine, das ist ein ziemlich schwieriger Vorgang, und ich kann nicht so einfach darüber sprechen.

FRICKE Ich meine, ob du dir auch Gedanken über die Realität machst. Situationen wie in diesem Film hat es ja tatsächlich in der Realität gegeben.

DARSTELLER IV Nein, ich weiß nicht, natürlich hat es das alles gegeben, aber doch nicht so, ich meine, das ist doch was anderes, ob das in der Wirklichkeit passiert, oder ob man das nur spielt. Natürlich hat es das gegeben, da habe ich noch gar nicht richtig darüber nachgedacht. Ich meine, ich habe schon darüber nachgedacht, aber nicht so richtig. Wenn ich darüber nachdenke, dann kann ich mir das alles gar nicht so richtig vorstellen, ich meine, dass das alles wirklich so richtig passiert sein soll, aber es ist ja wohl alles passiert, nicht?

Hanna kommt auf die Bühne, stark geschminkt mit Sonnenbrille.

HANNA Na, geht es dir besser?

FRICKE *zu Darsteller IV* Ja, mein Lieber. Das ist alles. Ich glaube wir werden noch manches zusammen arbeiten.

Darsteller IV ab.

FRICKE *zu Hanna* Es ging mir nicht schlecht.

HANNA Aber du hattest eine Depression.

FRICKE Ich hatte keine Depression, aber das was ich hatte, habe ich immer noch.

HANNA Warum sprichst du so gereizt mit mir?

FRICKE Ich spreche nicht gereizt mit dir. Auschwitz, das zeitweilig einen Bestand von 20.000 Häftlingen hatte, kontrollierte außerdem eine Anzahl Nebenlager mit zusammen circa 170.000 Häftlingen. Allen mussten die Haar ganz kurz geschoren werden, bis einen Millimeter unter der Haut.

HANNA Du tötest einem den letzten Nerv. Ich glaube, ich gehe wieder.

FRICKE Gut, wie du meinst, ich muss sowieso weitermachen.

Hanna ab.

FRICKE *ruft* Max!

ASSISTENT *kommt* Meister?

FRICKE Wir machen weiter. 273ste, ist das richtig?

ASSISTENT Ja. Ich hole dann die anderen.

KAMERAMANN *kommt* Machen wir weiter?

FRICKE Ja. 273ste. Sag mal, Joe, wenn du filmst, in dem Moment, wo du nur das Geschehen vor Augen hast, was fühlst du da?

KAMERAMANN Fühlen! Ich fühle bei der Arbeit überhaupt wenig. Ich versuche es so hinzubringen, wie wir es besprochen hatten.

FRICKE Ich meine, was da vor deinen Augen passiert, ist doch ungeheuerlich, da fühlt man doch etwas. Ich meine, man müsste da doch etwas fühlen.

KAMERAMANN Warum ungeheuerlich! In dem Moment, wo wir das hier inszenieren, hat das alles doch unbedingten Realitätswert. Ich meine, mir wird bei der Arbeit eigentlich vieles klarer, vieles, was vorher tatsächlich ungeheuerlich war für mich, wird mir hier verständlich.

FRICKE Und das beunruhigt dich nicht?

KAMERAMANN Warum denn? Im Gegenteil, ich glaube, das muss so sein. Das spricht für die Qualität der Arbeit, für deine Qualitäten.

FRICKE Ich kann mir nicht helfen, mich erschreckt das.

Darsteller II und III kommen lachend auf die Bühne.

DARSTELLER II Und wisst Ihr, was er da gesagt hat? Nein, das ist unheimlich komisch. *Zu Fricke.* Oh, Meister, einen schönen guten Tag.

FRICKE Hallo. *Zum Kameramann.* Kannst du schon mal anfangen?

KAMERAMANN Sicher.

FRICKE *zu Darsteller II und III* Das ist jetzt diese Sache, wo der Diebstahl besprochen wird. Ihr habt den Text?

DARSTELLER III Sure. Wir haben den Text.

FRICKE Dann probieren wir mal. Du kommst von links und du von rechts. *Zum Kameramann.* Die Kamera bleibt da stehen.

KAMERAMANN Ja.

FRICKE Also gut. Du kommst also von hier, du von dort. Kurz bevor ihr aneinander vorbeigeht, beginnt der Text. Könnt ihr mal?

DARSTELLER III Du hast mir gestern Brot gestohlen.

DARSTELLER II Und wo hast du es hergehabt?

DARSTELLER III Ich weiß nur, dass du mir Brot gestohlen hast, und ich möchte, dass du es mir bezahlst.

DARSTELLER II Und wenn ich es nicht tue?

DARSTELLER III Dann lebst du morgen nicht mehr.

FRICKE Schön. *Zu Darsteller II.* Du hast ihm gestern tatsächlich Brot gestohlen, und du weißt, dass du ihm irgendwann wieder begegnen wirst, und fürchtest dich vor dieser Begegnung, noch dazu wo er einen großen Einfluss im Lager hat, und das weißt du. *Zu Darsteller III.* Und dir ist dieser Kerl eigentlich egal. Aber die Sache mit dem kleinen polnischen Juden hat nicht geklappt, und du bist sowieso schon schlechter Laune, und da ist es gerade recht, dass du deine Laune an ihm auslässt. O.k.?

DARSTELLER II Ja. Klar.

FRICKE Dann macht es doch noch mal.

DARSTELLER III Du hast mir gestern Brot gestohlen.

DARSTELLER II Und wo hast du es hergehabt?

DARSTELLER III Ich weiß nur, dass du mir was gestohlen hast.

FRICKE *verbessert* Brot!

DARSTELLER III … dass du mir Brot gestohlen hast. Und ich möchte … ich kann so nicht arbeiten. Solch kleine Nuancen müsste man schon dem Schauspieler überlassen.

FRICKE Verzeihung. Das ist richtig. Aber Sie wissen doch, auf »Brot« kommt es an. Würden Sie bitte noch mal beginnen? *Zu Darsteller II.* Und spiel mir noch die spezielle Angst über der grundsätzlichen, die ihr sowieso schon habt. Ja?

DARSTELLER II Aber natürlich.

KAMERAMANN Ich bin soweit.

FRICKE Gut. *Zu Darsteller II.* Und bitte die Angst nicht vergessen.

ASSISTENT *hält die Klappe vor die Kamera* 273 die erste.

DARSTELLER III Du hast mir gestern Brot gestohlen.

DARSTELLER II Und wo hast du es hergehabt?

DARSTELLER III Ich weiß nur, dass du mir Brot gestohlen hast, und ich möchte, dass du es mir bezahlst.

DARSTELLER II Und wenn ich es nicht tue?

FRICKE *unterbricht* Hört auf, das ist unmöglich. Hört auf.

Fünfte Szene

Speiserestaurant.

FRAU BAUMBACH Mit der Religion ist das natürlich so eine Sache, nicht? Wir wollen schon lange zum Buddhismus übertreten, nicht wahr, Erwin, aber es könnte durchaus geschäftsschädigend sein für Erwin. Das stimmt doch, Erwin, nicht?

HERR BAUMBACH Ja, wer nicht katholisch ist, meinetwegen, der kann es schaffen, aber wer aus der Kirche austritt, also, das spricht sich ja wie ein Lauffeuer herum.

FRAU BAUMBACH Dabei ist gerade der Buddhismus eine so schicke Sache. Wann heiratet ihr eigentlich? Ich meine, wir warten schon eine ganze Weile auf die Verlobungsanzeige.

HANNA Wir wollen warten, bis Hans einen Namen hat, einen wirklichen Namen.

FRICKE Ja, wir wollen warten, bis ich mich etabliert habe.

HERR BAUMBACH Warum sagst du das in einem so gereizten Ton? Ich kann das nur positiv finden. Also diese überstürzten Heiraten, ich bitte dich, keiner ist was, keiner hat was, das kann doch nur schiefgehen.

FRICKE Vielleicht hast du recht.

HANNA Natürlich hat Herr Baumbach recht. Wir haben das doch oft genug besprochen.

FRAU BAUMBACH Streitet euch nicht, Kinder, nach einer solchen Mahlzeit.

HANNA Ihr dürft euch nichts draus machen, seit Hans diesen Film macht, ist er ganz durcheinander. Ich kann selbst kein vernünftiges Wort mehr mit ihm reden.

FRICKE Onkel, wie alt warst du 1945?

HERR BAUMBACH Ich weiß nicht, was diese Frage soll.

FRICKE Bist du Jude?

HERR BAUMBACH Natürlich nicht, das weißt du doch.

FRICKE Warum »natürlich«?

HANNA Hans, ich bitte dich …

FRICKE Ich habe gefragt, warum »natürlich«, ich möchte gerne eine Antwort.

HERR BAUMBACH Weil ich da nicht mehr leben würde, vermutlich.

FRICKE Und warum lebst du noch?

HERR BAUMBACH Weil ich kein Jude bin wohl doch.

FRICKE Wie sagt sich so etwas, »weil ich kein Jude bin, lebe ich noch, und wenn ich einer wäre, dann vermutlich nicht mehr«. Wie sagt sich so etwas?

HERR BAUMBACH Also, was soll das, Junge, du scheinst wirklich ein wenig durcheinander zu sein, habe ich recht?

FRAU BAUMBACH Erwin war Soldat, er war in Gefangenschaft.

HERR BAUMBACH Aber das weiß Hans doch, Liebste.

FRICKE Du warst doch gegen die Judenvernichtung.

HERR BAUMBACH Aber natürlich war ich dagegen – das heißt, ich habe doch gar nichts davon gewusst, wir an der Front, wir haben doch gar nichts davon gewusst.

FRICKE Was ist eigentlich Leuten passiert, die sich gegen diese Dinge aufgelehnt haben?

HERR BAUMBACH Die sind auch ins KZ gekommen, nehme ich an, das ist doch ganz klar.

FRICKE Und dort?

HERR BAUMBACH Dort wird es ihnen ähnlich ergangen sein wie den Juden.

FRICKE Sie wurden also umgebracht.

HERR BAUMBACH Gewiss doch.

FRICKE Und warum lebst du noch, Onkel Baumbach?

HERR BAUMBACH Ich hab doch nichts gewusst davon, und selbst wenn ich etwas gewusst hätte, *ins Publikum* was hätte ich denn machen können? *Wieder zu Fricke.* Und wenn ich etwas gesagt hätte, schön, nehmen wir den Fall ruhig einmal an, was wäre passiert, mich hätten sie in ein KZ gesteckt. Dachau oder Mauthausen, das ist ja ganz egal, und die Fabrik, Vater hätte gewiss die Fabrik verloren. Ja, ich musste doch auch auf meine Familie Rücksicht nehmen, das muss man doch einsehen, oder nicht? Mich hätte man umgebracht, und niemand hätte etwas davon gehabt.

FRICKE Natürlich. Du hast recht. Niemand hätte etwas davon gehabt.

HERR BAUMBACH Eben. Sind wir froh, dass es uns gutgeht. Ich meine, dass wir leben, nicht?

Sechste Szene

Frickes Wohnung.

SAALINGEN Was meinst du, ist das keine interessante Komponente, oder willst du dich nur auf die Juden beschränken?

FRICKE Beschränken?

SAALINGEN Verzeih, ich habe das nicht so gemeint.

FRICKE Nein, ich will mich nicht auf die Juden beschränken, aber die Homosexuellen im Lager machen eine so geringe Prozentzahl aus, die kaum ins Gewicht fällt, bitte versteh du mich jetzt nicht falsch.

SAALINGEN Aber nie, natürlich nicht, nein, niemals.

FRICKE Außerdem ist die kleine Zahl begreifbar, ich meine, man könnte sie vielleicht noch fassen. Was ich in diesem Film erreichen will, ist, die Unsagbarkeit des Ganzen zu zeigen, nicht unbedingt es selbst zu zeigen, du verstehst mich, obgleich ich das natürlich auch tun muss. Dazu zwingen mich einfach die Produktionsbedingungen. Nein, bei Homosexuellen können die Leute sagen, na ja, die sind ja abartig veranlagt, die sind ja unnormal, gesellschaftlich, meine ich, denen geschieht das ganz recht, nein, da müsste man wieder einen ganz eigenen Film machen.

SAALINGEN Du hast da sicher recht. Gewiss. Aber ich würde dennoch dieses Thema nicht ganz unter den Tisch fallen lassen. Also, wenn ich Ambitionen hätte …

Es klopft. Frickes Vater kommt herein.

FRICKES VATER Ah, Herr von Saalingen. Wie geht es Ihrem Herrn Vater? Ich höre, er hat große Erfolge im Ostblock. Ja, wirkliche Größe ist nicht zu verlieren. Hans, ich hätte gerne mit dir gesprochen.

SAALINGEN Ja. Ich habe eine Verabredung, ich empfehle mich dann. Grüße an die Frau Gemahlin.

FRICKES VATER Oh, sie wird sich sehr freuen.

SAALINGEN Und entschuldige mich bei Hanna, ja? Tschau. *Geht ab.*

FRICKES VATER Also, was du dir da mit Baumbach geleistet hast, ist für meine Begriffe eine Frechheit. Bitte, du lebst zwar dein eigenes Leben, du wolltest mit dem Betrieb nie etwas zu tun haben, meinetwegen, ich schaffe das auch allein, aber Baumbach ist nicht nur mein bester Schulfreund, sondern auch mein wichtigster Geschäftspartner. Er hat sich Gott sei Dank nichts weiter daraus gemacht, er hat es beim Richtfest lediglich als Kuriosität zum besten gegeben, dass mein Sohn ihm quasi zu verstehen gegeben hat, wer sich damals nicht geopfert hat, sei heute noch ein Verbrecher. Das ist ja lächerlich.

FRICKE Ich habe ihn nur gefragt, was er damals getan hat, nichts weiter. Und wenn er diese Frage beim Richtfest als Kuriosität zum besten gibt, dann ist das Antwort genug für mich.

FRICKES VATER Mein lieber Junge, jetzt will ich dir mal was sagen. Abgesehen von der Tatsache, dass die Zahl von sechs Millionen Juden sowieso eine unverschämte Übertreibung ist, die ich nur typisch nennen kann, wie ist es uns denn gegangen? Wir waren in amerikanischer Kriegsgefangenschaft, und erkundige dich mal, das war beileibe kein Honigschlecken, im Gegenteil, wir haben gehungert, wir sind geprügelt worden und so weiter und so fort. Dann sind wir zurückgekommen, und was war dann? Gar nichts war, wir durften ganz von vorne anfangen, von ganz klein mussten wir alles wieder aufbauen, und da hat es wieder Not und Elend gegeben, aber wir haben es geschafft und haben uns durchgesetzt, wir haben überlebt.

Hanna kommt nur mit einem Badetuch bekleidet wieder auf die Bühne.

HANNA Oh, pardon, ich dachte Friedrich sei noch da. Ich ziehe mich gleich an.

FRICKES VATER Das ist aber gar nicht nötig. Sie können sich auch so sehen lassen.

FRICKE Ihr kennt euch ja.

FRICKES VATER Flüchtig. Leider nur flüchtig. Wirklich schade, aber ich muss gleich wieder gehen. *Er küsst Hanna die Hand.* Sie werden von Jahr zu Jahr schöner. Und du, Junge, denk an das, was ich dir gesagt habe. Du musst im Leben stehen, du musst die Dinge sehen, wie sie sind, ohne allen Idealismus, der kann nur schaden. Auf Wiedersehen. *Zu Hanna.* Ich hoffe doch sehr. *Geht ab.*

HANNA Was wollte er denn?

FRICKE Eigentlich nichts. Wirklich, er hat nur geredet.

HANNA Na schön, wenn du's mir nicht sagen willst.

FRICKE Ach, es war wegen Baumbach neulich. Er hat sich beschwert.

Fricke geht zum Schränkchen und sucht noch einmal die Fotos heraus.

HANNA Ich brauche Geld.
FRICKE Wieviel?
HANNA Am besten gleich 200.
FRICKE Warum so viel?
HANNA Mein Gott, dann brauche ich nicht gleich wieder zu kommen.
FRICKE Gut, nimms dir dann raus. *Nach einer Pause.* Hast du die Fotos schon einmal genau angesehen?
HANNA Natürlich, warum?
FRICKE Ist dir nichts aufgefallen?
HANNA Nein, was denn?
FRICKE Diese Menschen blicken gar nicht unglücklich in die Kamera, auch nicht gequält. Sie schauen eher verständnislos. Mir ist das auch erst heute klargeworden.
HANNA Na also, bitte.

Fricke geht zum Bett und legt sich hin. Unter dem Bett liegt ein Buch, das holt er sich, schlägt eine Seite auf und liest vor. Auf der Leinwand ist eines der Bilder aus dem KZ zu sehen.

FRICKE Die zeitweilige Vernichtung menschlicher Eigenschaften, was immer euer Denken geneigt sei anzunehmen, sie sind nicht nur Worte. Jedenfalls sind es keine Worte wie andere. Wer glaubt, eine gerechte Tat zu vollbringen, wenn er einen Henker bittet, ihn bei lebendigem Leibe zu schinden, der hebe die Hand. Wer seine Brust freiwillig den Kugeln des Todes bieten würde, der hebe das Haupt mit der Wollust des Lächelns. Meine Augen werden die Spur der Narben suchen, meine zehn Finger werden ihre ganze Konzentration darauf richten, die Haut dieses exzentrischen Menschen abzutasten, ich werde mich vergewissern, dass die Fetzen des Gehirns auf die Seite meiner Stirn gespritzt sind. Nicht wahr, einen Menschen, der ein solches Martyrium liebte, würde man im ganzen Universum nicht finden.

HANNA Ach, hör endlich auf damit, ich kann dieses ganze grässliche Zeug schon nicht mehr hören und sehen.

Fricke steht auf und schaut sie lange an, dann lächelt er, als sei ihm plötzlich etwas klargeworden. Hanna ist fertig angezogen. Sie geht zum Schränkchen und holt sich Geld heraus.

HANNA Ich gehe jetzt. Ist es dir recht?
FRICKE Ich habe nichts dagegen.
HANNA Servus. *Geht ab.*

Fricke legt sich wieder aufs Bett und spricht zwei Strophen von Günther Eichs Gedicht »Inventur«.

FRICKE Die Bleistiftmine / Lieb ich am meisten: / Tags schrieb sie mir Verse. / Die nachts ich erdacht. / Dies ist mein Notizbuch, / Dies meine Zeltbahn, / Dies ist mein Handtuch, / Dies ist mein Zwirn.

Siebte Szene

Auf einer Party.

VERA Was macht eigentlich Hanna? Das arme Kind, ich habe gehört, sie soll im Moment völlig auf dem Trockenen sitzen, künstlerisch, meine ich.

FRICKE Hanna hat Angebote.

VERA Ach?

FRICKE Ja. Sie scheinen ihr nur nicht akzeptabel.

VERA Und du? Kannst du nichts für sie tun?

FRICKE Ich mache eine Sache ohne Frauen.

VERA Ja, ich habe davon gehört. Das soll ja eine ganz tolle Chance werden, diese Sache, nicht?

FRICKE Nein, ich glaube, ich habe mich da überschätzt.

VERA Nein, doch du nicht.

FRICKE Sag das nicht. Das ist ein Thema, das kann so schrecklich schiefgehen, wie sonst gar nichts schiefgehen kann.

VERA Aber wenn es nicht schiefgeht, dann wird es ein Meisterwerk, nicht?

Fricke lacht. Kemper, schon ziemlich betrunken, kommt mit einem Glas herein.

KEMPER Meine Verehrung, großer Meister. Ich habe nur eine kleine Frage, wenn sie gestattet wird. Meinen Sie nicht, dass Bücher oder Filme von der Art, wie Sie gerade einen machen, in der heutigen Zeit genau das Gegenteil von dem erreichen, was sie bezwecken sollen, nämlich abzuschrecken? Ich meine, sie hetzen eher auf. Wenn ich mich anders ausdrücken darf, Leute, die immer wieder unfreiwillig auf irgendetwas hingewiesen werden, das so unerfreulich ist, die empfinden erst die Belästigung unangenehm und fangen dann an, sie zu hassen. Und da die Leute nicht genügend kritischen Verstand haben, fangen sie nicht an, die Publikationen zu meiden, oder diese meinetwegen zu hassen, sondern sie fangen an, die Sache selbst zu hassen. In diesem Fall haben wir dann den hübschesten Neoantisemitismus.

FRICKE Meinen Sie nicht, dass ich mich auch eingehend mit dieser Frage beschäftigt habe?

KEMPER Ich meine eher, Sie betrachten diesen Film als eine wichtige Etappe in ihrer Karriere.

FRICKE Wenn es Sie beruhigt, auch dieser Gedanke ist mir nicht fremd.

KEMPER Was meinen Sie, falls ich noch eine kleine Frage an Sie richten darf, halten Sie es nicht für ebenso abscheulich, sich vergaste Menschen mit Geld bezahlen zu lassen, wie sie zu vergasen?

FRICKE Nein.

KEMPER Das dachte ich mir.

FRICKE Ich würde Sie bitten, das was sie sonst noch denken, für sich zu behalten und uns allein zu lassen.

KEMPER *geht hinaus und sagt dabei* Schreckliche Leute, die keine Kritik vertragen können.

VERA Ein widerlicher Mensch. Ich kann ihn nicht leiden.

FRICKE Ich auch nicht. Was würdest du tun, wenn du eine Rolle, die du, ohne viel darüber nachzudenken, angenommen hast, plötzlich nicht mehr spielen kannst, weil du es einfach nicht fertigbringst, dich mit dieser Figur zu identifizieren oder dich auch nur eingehend mit ihr zu befassen?

VERA Du, das kann ich mir gar nicht vorstellen, dass das jemals passiert. Ich meine, die bösen Charaktere geben doch immer sehr viel mehr her.

FRICKE Nimm doch einmal an, du machst so eine Rolle, du beschäftigst dich wirklich eingehend mit ihr, und dann wird dir plötzlich bewusst, dass etwas von dieser Rolle, wenn du dich noch weiter und eingehender mit ihr beschäftigen würdest, sich auf dich übertragen könnte oder aber, dass es dich maßlos unglücklich machen würde, weiter in die Sache Einblick zu bekommen.

VERA Aber warum denn ich? Ich stelle eine Rolle dar, um meinem Publikum etwas zu zeigen, ihm etwas klarzumachen. Und der intellektuelle Sinn meiner Figur stammt ja nicht von mir, sondern vom Autor oder vom Regisseur meinetwegen, warum sollte mich das unglücklich machen? Im Gegenteil, ich bin glücklich darüber, auch eine intellektuelle Funktion zu haben. Das bin doch nicht ich, das werde ich doch auch niemals, ich zeige das doch nur.

FRICKE Mich macht es unglücklich, etwas darzustellen, wie beispielsweise das Lager in meinem Film, ich inszeniere doch im Grunde genau wie die SS damals. Sicher, es hat einen ganz anderen Sinn, das heißt, es hat einen Sinn oder sollte einen haben, aber ein wenig muss ich wie die sein, um dem Ganzen Wahrheit zu geben. Und mich macht das unglücklich. Ich weiß nicht, ich meine heute, man kann im Grunde gar nichts darstellen, ohne dass sich doch eine ganze Masse – oder doch wenigstens etwas – auf einen selbst überträgt. Und das finde ich bei diesem Film ganz erschreckend.

VERA Ach komm, hör auf mit diesen Sachen, du wirst da jetzt doch keine Lösung finden.

Vera versucht, Fricke zu umarmen, aber der wehrt sie ab.

FRICKE Lass jetzt. Einen Moment habe ich geglaubt, das könnte eine Lösung sein. Aber irgendwie habe ich zu gar nichts mehr Lust, auch nicht dazu. Zu nichts, verstehst du?

VERA Nein.

FRICKE Ich möchte so vieles tun und dann wieder gar nichts, und alles läuft über mich weg, alles bringt mich irgendwie um.

VERA Ach, du spinnst ja, überlegs dir, du hast ja noch Zeit, die Party dauert an.

Achte Szene

Frickes Wohnung. Er liegt angezogen auf seinem Bett, raucht, steht auf, geht zum Plattenspieler, legt eine Platte auf, geht zurück zum Bett, legt sich wieder hin. Hanna kommt herein, müde und verkatert. Nach einer Weile.

FRICKE Wo warst du?
HANNA Und du?
FRICKE Ich wollte mit Vera schlafen.
HANNA *setzt sich auf einen Stuhl* Und?
FRICKE Ich habe es nicht getan.
HANNA Und warum nicht?
FRICKE Ich wollte nicht eigentlich.
HANNA Ich habe schon gewollt.
FRICKE Und?
HANNA Es hat geklappt.
FRICKE Gut.
HANNA *schreit* Was ist denn gut daran?
FRICKE Das ist nur so eine Rede.
HANNA *leise* Und? Es macht dir gar nichts aus?
FRICKE Nein, wirklich. Es macht mir gar nichts aus.

Hanna steht auf, geht zum Plattenspieler, stellt die Platte ab. Geht ans Bett und legt sich zu Fricke. Er steht auf und stellt die Platte etwa an der gleichen Stelle wieder ein. Er geht zum Bett zurück, legt sich wieder hin. Sie umarmt ihn. Auf der Leinwand sehen wir Standfotos von dem Film »Nur eine Scheibe Brot«. Dann auf der Leinwand Hanna als Baby auf einem Bärenfell, dazu Hannas Stimme vom Tonband laut.

HANNA Das bin ich, ich, ich, das bin ich.
FRICKE *schaltet das Licht aus und sagt* Wir werden uns trennen.

Hanna schaltet das Licht wieder an.

HANNA Warum?
FRICKE Nicht, weil du mit einem anderen geschlafen hast.
HANNA Aber warum denn dann?
FRICKE Ich kann das nicht erklären.
HANNA Und … Ach. Gute Nacht.
FRICKE Gute Nacht.

Neunte Szene

Wieder bei den Dreharbeiten. Auf der Bühne Fricke und sein Assistent.

FRICKE Hast du was herausbekommen über den Lagergeistlichen?
ASSISTENT Ja. Beispielsweise hat ein Geistlicher zu einer Krankenschwester, die hier in diesem Euthanasieprozess angeklagt war, gesagt, sie solle nur alles tun, was man von ihr verlangt und nicht mehr, dann sei Gott damit einverstanden. Das ist schon sehr lustig, nicht?
FRICKE Ja.

Der Produzent des Films kommt auf die Bühne.

PRODUZENT Mein lieber, junger Freund! Ich freue mich, Sie so fleißig bei der Arbeit zu finden. Man hatte mir etwas ganz anderes berichtet.

FRICKE Ach?

PRODUZENT Ja, aber es wird ja so viel gelogen in dieser Branche.

FRICKE Ich bin froh, dass Sie zufällig herausgekommen sind, ich wollte sowieso in diesen Tagen bei Ihnen vorbeikommen.

PRODUZENT Warum, klappt etwas nicht richtig?

FRICKE Doch, alles. Trotzdem kann ich so nicht weitermachen. Ich möchte einen Teil der Szenen mit Schlagern aus der damaligen Zeit unterlegen und …

PRODUZENT Das ist doch auch schon ein alter Hut, solche Sachen mit Schlagern zu unterlegen.

FRICKE Aber irgend etwas muss ich tun. Es geht so einfach nicht, so wird mir das zu glatt, zu schön. Das geht einfach nicht. Außerdem möchte ich Interviews mit irgendwelchen Leuten machen und die hineinmontieren.

PRODUZENT Ja, das geht auf gar keinen Fall! Wir machen einen Spielfilm über Vorgänge in einem Lager, nichts sonst.

FRICKE Man kann nicht einfach einen Spielfilm über Vorgänge in einem Lager machen.

PRODUZENT Das hätten Sie sich …

FRICKE Das konnte ich mir vorher nicht überlegen, das ist mir erst während der Arbeit klargeworden. Ich habe Kompromisse genug machen müssen während dieser Arbeit, jetzt wird Ihnen nichts anderes übrigbleiben.

Zehnte Szene

Hanna und Vera in Frickes Wohnung. Hanna packt mit imaginären Kleidern einen imaginären Koffer.

VERA Ich würde nicht so einfach aufgeben. Nach drei Jahren. Ich bitte dich.

HANNA Es klappt ja schon eine ganze Weile nicht mehr richtig.

VERA Trotzdem, Kindchen, wo käme man da hin, wenn man immer gleich die Koffer packen würde, wenn einer sagt, man müsse sich trennen.

HANNA Du hast nicht gehört, wie er das gesagt hat.

VERA Mein Gott, wie kann er das schon gesagt haben, mit Bitterkeit, oder vielmehr hat er es geschrien, was weiß ich, das heißt doch noch gar nichts.

HANNA Nein, ich glaube, er hat sich geekelt vor mir. Ja, ich glaube, richtig geekelt. Ich weiß nur nicht, warum. Ich würde gerne wissen, was es wirklich war.

Während Hanna und Vera die Bühne verlassen, erscheint auf der Leinwand »Das ist das Ende«. Der Produzent kommt auf die Bühne. Er spricht zum Publikum, »Das ist das Ende« verschwindet.

PRODUZENT Wir haben den Film im Oktober fertiggestellt, er konnte noch kurz vor Weihnachten gestartet werden. Der Verleih hat ihn ganz richtig als schockierendes und erbarmungsloses Schicksal im Banne dunkler Mächte gestartet. Der Film bekam das Prädikat »besonders wertvoll« und drei Bundesfilmpreise. Wir haben natürlich keine zeitgenössischen Schlager bemüht, und kein Interview unterbricht den Kunstgenuss. Sie können sich den Film also ganz beruhigt ansehen. Auch Sie werden gepackt und mitgerissen sein.

Anmerkung: Das Buch, aus dem Fricke in der sechsten Szene liest, ist ein Band aus der Gesamtausgabe der Werke Lautrémonts.

Die Platte, die Fricke in der achten Szene auflegt, ist Ludwig van Beethoven, Opus 73.

Der Müll, die Stadt und der Tod

PERSONEN

ROMA B.
FRL. EMMA VON WALDENSTEIN
FRL. TAU
ASBACH-LILLY
MISS VIOLET
MARIE-ANTOINETTE

ACHFELD
KRAUS, PETER
MÜLLER II
FRANZ B.

DER KLEINE PRINZ
HANS VON GLUCK
OSCAR VON LEIDEN
HELLFRITZ, TENOR
JIM

A., genannt DER REICHE JUDE
DER ZWERG

HERR MÜLLER
FRAU MÜLLER

Erster Teil

1. Szene

Auf dem Mond, weil er so unbewohnbar ist wie die Erde, speziell die Städte. Vorne links in Plastik gehüllt: Marie-Antoinette und Jim.

Roma B., Frl. Emma von Waldenstein, Frl. Tau, Asbach-Lilly und Miss Violet frühstücken. Sie warten zudem auf Kundschaft.

FRL. TAU/MISS VIOLET *im Kanon*

Abendstille überall
nur am Bach die Nachtigall,
singt ihre zarte Weise
wohl klagend durch das Tal.

FRL. EMMA VON WALDENSTEIN Sie hätten verzichten sollen.

ASBACH-LILLY Wegen dieser bürgerlichen Drecksau? Ich bitte Sie. Die steckt ihn in ihre Fotze und weg ist er – sprachlos und ohne Glanz in den Augen.

ROMA B. Was nützt ihm in seiner Zelle der Glanz in den Augen. Und Sprache? Was ist das?

FRL. EMMA VON WALDENSTEIN Und wenn man ihn rauslässt, schlägt er ihr den Schädel ein, meine Liebe. Sie hätten verzichten sollen. Und dann, bürgerlich sind wir auch. Wenigstens in der Seele.

ASBACH-LILLY Meine Seele ist mein, Fräulein von Waldenstein. Die fasst mir keiner so leicht an mit seinen dreckigen Pratzen.

ROMA B. Die Seele ist Gott, Fräulein, nicht Ihr Besitz. Eine Leihgabe sozusagen. Einer verleiht sich selbst, heißt Gott, lässt sich bezahlen, ist einer von uns: eine Hure. Sie lächeln? Lächeln Sie nicht. Es ist nicht gut zu lächeln. Man wirkt so leicht dumm.

FRL. EMMA VON WALDENSTEIN Zwei Jahre wird man ihm geben. Drei höchstens. Das denkt in dem Mann, denkt, wächst und platzt zuletzt. Der Knall wird uns das Fürchten lehren.

ASBACH-LILLY Sie machen mir Angst, Fräulein von Waldenstein. Und Sie genießen es, mir Angst zu machen. Sie sind krank. Die Nacht war fatal, ohne Zweifel. Die Sehnsucht auf der Haut, der Hass im Kopf, der laute klagende Schrei meines Schoßes. Deinen Schwanz, Oscar, gib ihn mir, deinen Schwanz. Sie wissen sicher, Oscar ist ein Wunder der Natur. Jetzt verkümmern wir beide.

ROMA B. Sie bemitleiden sich, verraten den Mann, bemitleiden sich ob des verratenen Mannes. Sie denken zu spät.

Achfeld kommt. Stellt sich in die Mitte der Prostituierten, zählt ab.

ACHFELD Ene mene mi, ich ficke dich ins Knie, ene mene mu, das Loch hast du. *Es ist Miss Violet. Sie steht auf und geht mit Achfeld ab.*

FRL. TAU Sein Schwanz ist so klein, dass er sie gefahrlos ins Ohr ficken könnte.

ASBACH-LILLY Ich weiß nicht, diese Kälte zwischen den feuchten Laken. Und die Laken sind immer feucht. Nur Oscar verstand es, sie zu trocknen. Oscar tat Wunder. Aber er hat mich belogen.

FRL. EMMA VON WALDENSTEIN Eine gesunde Lüge ist wie der frische Tau des Jüngsten Tages.

ROMA B. Sehen Sie, was wäre die Wahrheit ohne die Lüge? Die Lüge selbst.

Ruhig kommen Kraus, Peter, Müller II und Franz B. auf die Bühne. Sie ziehen Pistolen und erschießen Asbach-Lilly. Es ist eine symbolische Tat. Asbach-Lilly wirbelt durch die Luft und schreit. Dann bricht sie zusammen. Die drei Männer gehen, wie sie gekommen sind. Ruhig.

FRL. TAU *singt* Abendstille … *Die anderen stimmen ein. Asbach-Lilly wacht wieder auf.*

ASBACH-LILLY Mein Gott, ist das schön. Sterben.

FRL. EMMA VON WALDENSTEIN Es sah ziemlich echt aus, Sie sollten sich fortbilden.

ASBACH-LILLY Ich hatte Ihre Angst im Bauch.

FRL. TAU Mit Angst also spielt man besser Theater?

ASBACH-LILLY Offensichtlich. Ich wusste ja, es würden nur Platzpatronen sein. Wir sind schließlich nicht in Chicago.

Der Kleine Prinz kommt schnell.

DER KLEINE PRINZ Verzeihen Sie, ich bin in Eile. Meine Nerven. Tja, mein Chef, Sie verstehen, dieser reiche Jude, die meisten von Ihnen kennen ihn ja, diesen Kopf müsste man haben, will, und zwar in einer halben Stunde, hat der Wahnsinn System, fragt man sich da, eine mit dicken Brüsten, das sind seine Worte, nicht Titten, hat er gesagt, oder Memmen, nein, Brüste, als wärs eine Mutter, die er sich sucht – *Frl. Tau steht auf und geht mit ihm ab.* – Eine Mutter, der er die Faust in die Fresse schlägt in Gedanken und leckt an den Hängern, den dicken. Hat einer erst Geld, lässt der Irrsinn nicht lange auf sich warten, das sag ich mir immer zum Trost, Sie verzeihen. Ein andermal plaudern wir weiter.

Der Kleine Prinz und Frl. Tau sind weg. Stille.

ROMA B. Wenn keiner singt, ist es still.
ASBACH-LILLY Es sei denn, Sie plappern.
FRL. EMMA VON WALDENSTEIN Oh, bitte nicht, bitte nicht streiten. Das macht mich immer so traurig.
ROMA B. Ihnen zuliebe wird die Welt sich zu erkennen geben. Aber – Sie haben recht. Was lohnt sich schon.
ASBACH-LILLY Mir schmeckts, zumal der Mann mir den Appetit nicht mehr rauben kann.
ROMA B. Es sei denn, der Hunger fräße sich selber auf. Wie die Gedanken. Es ist dunkel, und es zittert in meinem Kopf.

Hans von Gluck tritt auf und singt »Die kleine Nachtmusik«. Asbach-Lilly steht auf und tanzt dazu Ballett. Tanzend und singend gehen beide ab.

ROMA B. Kennen Sie das Märchen vom grinsenden Chinesen?

FRL. EMMA VON WALDENSTEIN Nein.

ROMA B. Ich auch nicht. Aber ich bin sicher, es gibt eines. Denn es gibt alles. Die Welt ist klein, und die Gedanken, die unzähligen gedachten Gedanken bringen sie an den Rand des Gleichgewichtes. Und eines Tages wird sie kurz erzittern und in sich selbst zusammenstürzen. Und die Gedanken, die hässlichen und die schönen, werden nichts – nichts sein und alles. So sinnlos wie jetzt.

FRL. EMMA VON WALDENSTEIN Sie sind gemein, Roma, Sie machen sich lustig, und innerlich triumphieren Sie über mich. Sie wollen siegen, siegen, und dieser Sieg bringt Ihnen die Wärme, die Sie brauchen, und ich erfriere an Ihrer Allmacht.

ROMA B. Denken Sie nicht. Die Gedanken töten die Lust.

Oscar von Leiden kommt langsam.

OSCAR VON LEIDEN Ich habe Angst. Immer hatte ich Angst vor Frauen. Ich berühre keine, denke ich, nie. Dann kann mich der Strahl, der glühende, nicht verbrennen. Aber der Gedanke hat sich selbst der Lüge bezichtigt, denn der Tod, denk ich im Traum, kommt, wenn keine Frau mich berührt. Jetzt kämpfen die zwei Gedanken. Beide bringen den Tod. Ich wähle den Tod durch die Frau, zuckt es durch meinen Kopf, und so entschloss ich mich, Opfer zu sein dem Henker, der Frau. Ich nehme die Braune. Die Blonde ist gläsern. Sie bricht, und ich schneide mich. Ich kann

Blut nicht ertragen. *Oscar von Leiden und Frl. Emma von Waldenstein gehen ab.*

ROMA B. *fängt an, den Kanon zu singen, hört aber schnell wieder auf* Es ist kalt. Und Franz braucht Geld.

Hellfritz, Tenor, tritt auf. Er ist heute ein türkischer Straßenkehrer. Er pickt die Reste des Frühstücks der Huren auf.

ROMA B. Liebe?

HELLFRITZ, TENOR Liebe? Nix Liebe.

ROMA B. Zehn Mark. Fünf! Hass!

HELLFRITZ, TENOR Hass gutt – besser wie Liebe. Liebe nix gutt. Viel Liebe, viel krank. *Er geht ab.*

ROMA B. Hau ab, du dreckiger Gastschwanz, du stinkender räudiger Hund, du Ekel, du Monster, du – Mann! *Sie nimmt ihr Messer, schreit das Wort »Männer«, rennt stöhnend, ächzend auf die Plastikmasse zu, sticht darauf ein, Blut kommt heraus. Das Plastik geht auseinander, Marie-Antoinette und Jim stehen aus dem Plastik auf, sie sind nackt.*

MARIE-ANTOINETTE/JIM *Duett aus La Traviata.*

Roma B. geht auf die Knie und betet. Hinter ihr findet der Umbau statt.

2. Szene

Wohnküche, Milieu, realistisch. Franz B. kommt zur Tür rein.

FRANZ B. Nun?

ROMA B. Nicht schlagen.

FRANZ B. Wer schlägt dich? Wer dich liebt, schlägt dich. Also? Wer schlägt dich?

ROMA B. Du – liebst mich, also…

FRANZ B. Also schlage ich dich, wenn ich dich liebe. Aber ich kann dich nicht lieben den ganzen Tag und die ganze Nacht. Und wieder den ganzen Tag. Wieviel? *Roma B. steht auf.* Also? Wieviel?! Verstehe. Wieder nichts. Das ist schon das dritte Mal diese Woche.

ROMA B. Es war kalt, Franz. Ich habe mir die Beine in den Bauch gestanden. Ich habe Gymnastik gemacht, tief geatmet. Gebetet zuletzt. Es waren Stunden. Keiner kam. Wie verhext.

FRANZ B. Und nun? Wie steh ich da? Kann ich mich sehn lassen zwischen den anderen, den erfolgreichen? Kann ich ruhigen Gewissens ein Bier trinken? Werden die andern nicht spüren, das ist einer, dem klebt das Versagen auf der Stirn?

ROMA B. Ich bitte dich um Verzeihung.

FRANZ B. Was soll mir deine Verzeihung? Es ist jämmerlich, solcherart in Demut zu sterben. Gib mir Freiheit, Roma, und Freiheit ist Geld. Samstag ists, die Bank geschlossen. Das Pferderennen wartet. Ich muss tun, was ich tun muss. Geh arbeiten. Schnell und erfolgreich. Und mach!

ROMA B. Es ist kalt, Franz. Die Knie zittern. Ich huste. Tage schon huste ich. Das macht Angst, dieser Husten. Zum Arzt wollt ich gehen und hatte kein Geld.

FRANZ B. Ich lasse nicht mit mir handeln. Ich warte zwei Stunden, dann werd ich dich holen. Dass dir die Demut vergeht.

ROMA B. Ich könnte Miss Violet fragen, oder die Dicke. Nur – diese Kälte, versteh doch.

FRANZ B. Ich will mit verdientem Geld spielen, geliehenes bringt mir kein Glück. Das weißt du. Und redest und redest, und die Zeit vergeht und arbeitet gegen dich.

ROMA B. Ich weiß, du hast recht. Du hast recht und bist gütig und schlägst mich so wenig wie möglich. Und verzeihst mir meine Sünden. Das alles weiß ich. Aber die Kälte, Franz, sie brennt mir den Flaum von der Haut. Wie ein gerupftes Huhn werd ich sein, die goldenen Zähne versetzend. Wem schrei ich um Hilfe?

FRANZ B. Sie verachten dich, weil du dünn bist. Du musst essen. Sie bezahlen euch nach Gewicht. So red ich seit Jahren. Aber – hörst du mir zu?

ROMA B. Ich höre dir zu. Wenn du sprichst, hör ich dir zu, und noch nachts, wenn du schläfst, versuche ich deinen Atem zu deuten.

FRANZ B. Und kennst mich so wenig?

ROMA B. Ich kenn dich. Und wo ich dich kenne, da machst du mir keine Angst. Aber die dunklen Gedanken, die fremden Gefühle, was versteht eine wie ich schon davon? Das ängstigt mich sehr.

FRANZ B. Und ohne Angst könnt ihr nicht leben. Das hält euch warm, am Leben, die Angst. Wo ihr nicht Angst habt, seid ihr vorlaut, frech und faul. Und Tote, Roma, weinen nicht. Geh jetzt. Tu gut und lass ihn nicht im Stich, der für dich da ist, wie du es brauchst. Geh, Kleines, geh und lass dich ficken. Vergiss die Gummis nicht und nicht die Zeit, die ich dir gab. Und sei gerecht. Auch Männer sind nur Menschen.

Szenenwechsel. Liebestod Tristan und Isolde. Es tanzen Asbach-Lilly und Hellfritz, Tenor.

3. Szene

Straßenecke. Frl. Emma von Waldenstein ist bei der Arbeit. Roma B. kommt. Sie küssen sich.

FRL. EMMA VON WALDENSTEIN Nun? Er hatte also kein Verständnis?

ROMA B. Nein. Er hat mich gebeten, es noch einmal zu versuchen. Es ist sein Recht, kein Verständnis zu haben.

FRL. EMMA VON WALDENSTEIN Das ist es ja, Liebe, genau das ist es. Recht und Ohnmacht, und wo man sie sucht, und wo man sie findet.

Müller II kommt –

ROMA B. Na, Kleiner! Wie wärs mit uns beiden? Du

darfst ohne Gummi, mein Schatz, das ist lecker, glaub mir. Lecker ist das.

– und geht wieder ab.

Die Verzweiflung mit Namen zu nennen, das wär Kapital.

FRL. EMMA VON WALDENSTEIN Oder man schlüge dir den Schädel ein und die Schnauze. Es ist wie es ist, sagen die meisten, und das sei gut so: Und ihre eigne Verzweiflung ist keine, oder sie ist wohlfeil. Verkäuflich. Sie handeln mit allem. Mit Hosenträgern und mit der Seele, die ihnen nicht gehört.

ROMA B. Bleiben: anderthalb Stunden. Dann schlägt er mich, wie er mich liebt, schlägt mich, und ich denke, hätt ich gelernt, den Schmerz zu genießen, genöss ich die Schläge, und Liebe wär Liebe, die sie nicht ist.

FRL. EMMA VON WALDENSTEIN Ich leih Ihnen meinen Pelz, Liebes. Sie frieren.

ROMA B. Und fragt mich, wie war der Schwanz, Roma, groß oder klein? Konnte er lange, oder kam es ihm schnell? Hat er gestöhnt, will er wissen, Namen genannt – ich hab es vergessen, sag ich, es war mir nicht wichtig. Da kracht es, und die Sterne zucken am Firmament. Und ich lerne mit Bewusstsein, mich ficken zu lassen, mit offenen Ohren und Augen. Was hat er davon? Geht er aufs Klo, onaniert und ist ein andrer Mensch?

FRL. EMMA VON WALDENSTEIN Keiner ist, wie er ist. Jeder ist anders. Wer weiß schon Bescheid.

Miss Violet kommt.

MISS VIOLET Die Stadt wird größer von Tag zu Tag. Die Menschen in ihr werden kleiner und kleiner.
ROMA B. Es ist zu kalt. Der Mann bleibt zu Hause bei seiner Frau. Den Kindern erzählt er Märchen von Hexen und bösen Feen.
MISS VIOLET Die »Sonne von Mexiko« haben sie ausgeraubt, Rückert verhaftet. Es hat einen Bankraub gegeben. Die Lage ist klar.
FRL. EMMA VON WALDENSTEIN Und Gustav?
MISS VIOLET Ich weiß nichts Genaues. Gerüchte, Sie kennen das ja. Es flüstert und flüstert sich durch die Stadt, macht Angst, wo es ängstigen soll. Man hat ja seine Methode, die tötet, wo sie es soll.
ROMA B. Ich huste, seit Tagen. Für den Arzt hat es nicht gereicht diese Woche. Ich tröste mich auf die nächste und wär doch froh, es würd wieder nicht reichen. Was soll er mir sagen? Sie sind gesund, dann ist das Geld rausgeschmissen, und wenn ich sterben soll, dann will ichs nicht hören.
MISS VIOLET Man spaßt mit den Dingen. Das ist nicht gut. Für den Spaß ist das Leben zu kurz.

Jim kommt.

JIM Kennt ihr das Huhn, das goldene Eier legt?
FRL. EMMA VON WALDENSTEIN Es gibt sicher viele. Nur mir ist leider noch keines begegnet.
JIM Zu dumm! Ich suche und suche und finde und

finde nichts! Alles strengt an. Das Huhn, sagt der Vater, das goldne Eier legt, das ist das Kapital. Wo find ich das Kapital, denk ich. Die Häuser, die Straßen, das ist es, denk ich und strenge mich an. Und das Ergebnis? Ich komme grade über die Runden. Und samstags leiste ich mir: zwei Weiber! Eine von euch wird in der Kälte bleiben und frieren. Das ist so und dauert mich nicht. *Roma B. bekommt einen Hustenanfall. Sie hustet und hustet.* Der kluge Mensch disqualifiziert sich selbst. Nur der Dumme kennt die eigenen Grenzen nicht. *Jim geht mit Miss Violet und Frl. Emma von Waldenstein ab.*

ROMA B. *schwer hustend* Das Glück ist nicht immer lustig.

Es treten auf: A., genannt Der Reiche Jude, der Kleine Prinz und der Zwerg.

DER REICHE JUDE Die letzten Grüße aus Davos.

DER KLEINE PRINZ Das ist Roma B., Chef, sie friert ständig.

DER REICHE JUDE Die Städte sind kalt, und die Menschen darin frieren zu Recht. Warum baun sie sich solche Städte? *Der Zwerg erleidet einen Lachanfall.* Wenn er nicht aufhört zu lachen, dann schmeiß ich ihn raus.

DER KLEINE PRINZ Wenn du nicht aufhörst zu lachen, schmeißt er dich raus, Gnom.

DER ZWERG Es kann der reiche Jud den Christen, wenn er lacht, zur Hölle jagen.

DER REICHE JUDE Ich bin kein Jud wie Juden Juden sind. Wer das nicht wüsste… Der Kleine Prinz, Madam. Ihm werd ich hinterlassen, was ich habe, wenn er brav gewesen ist. Ganz unter uns, ich lächle oft bei dem Gedanken an den Tod. Was bleibt uns übrig. Und brav zu sein ist keine Schande. Nicht wahr.

DER KLEINE PRINZ Gewiss, Herr. Brav zu sein ist keine Schande.

DER REICHE JUDE Ja, ja. Und diesen Zwerg, dies Ungeheuer, den Gnom, ernähr ich, wenn ich gute Laune habe. Was leider häufig ist, denn die Geschäfte gehen gut, Madam, ich kann nicht klagen. Gib ihr ein Taschentuch, Zwerg, dass sie sich den Schleim aus der Fresse wischen kann. *Der Zwerg geht zu Roma B., wischt ihr das Gesicht ab.*

DER ZWERG Er baut Häuser, wissen Sie, und alte reißt er ab. Das macht ihn reich. Und ungemütlich, muss man wissen. Doch glücklich ist er nicht, das macht ihn leichter zu ertragen.

DER REICHE JUDE Weiß er, ob unsereins glücklich ist. Woher will er das wissen?

DER KLEINE PRINZ Nichts weiß er, Chef. Er schwatzt, weil Schwätzer eben schwatzen. Wer hört auf Zwerge?

DER REICHE JUDE Wer weiß – das macht sie so gefährlich, dass keiner weiß, wer ihnen traut. Zum Glück gibt es so wenige davon.

DER ZWERG Von ihrer Sorte gibt es immer noch zuviel.

DER REICHE JUDE Das sagt er nur und denkt es nicht. Die dicke Hure übrigens, die hat enttäuscht. Sie war den Preis nicht wert, den sie verlangte. Obwohl – wer ist das schon.

DER KLEINE PRINZ Er hat sie weggeschickt und nicht berührt. Das will was heißen. Er ist potent, sagt er. Und hat verzichtet.

DER REICHE JUDE Sie redet wie ein Wasserfall und denkt, ich hätte Luft im Hirn, weil ich die Hure brauche. Was heißt das schon. Die Hure braucht den Mann, der sie bezahlt. Der Mann die Hure. Das simpelste Geschäft der Welt. Und das reellste. Hast du Madam gefragt, ob sie ein Stündchen Zeit für einen reichen Juden hat? Ich denke doch, sie hat, auch wenn mein Schwanz beschnitten ist. Das ist hygienischer, erklär ihr das, falls sies nicht ohnehin aus der Erfahrung weiß.

Roma B. steht auf, der Zwerg hilft ihr.

DER ZWERG Er ist ein Ekel, Mädchen, aber er zahlt gut. Und die Potenz, die sagenhafte, ist ein Märchen. Da gibt es nichts zu fürchten.

DER REICHE JUDE In Ordnung, Pack. Ihr könnt euch in die Betten schleichen und eure Vorhaut strapazieren. Nu – macht schon. Schert euch fort. *Er scheucht sie von der Bühne.* Bin ich ein Jud, der Rache üben muss an kleinen Leuten?! Es soll so sein und ziemt sich auch!! Und Ruhe, Madam, befriedigt ungemein. Sie müssen nichts entgegnen. Danke schön. Ich hab die Dialoge satt, die voll von Lügen sind und nichts als Zeit in Anspruch nehmen, die jeder für sich selber besser brauchen kann. Dies Bildnis ist bezaubernd schön, die Stadt, die sich dem Untergang geweiht. So – kommen Sie. Es soll sich für Sie lohnen, lungenkrank zu sein. *Sie gehen ab.*

Die Bühne wird dunkel. Im Spot steht Marie-Antoinette. Sie singt das »Lied von der Stadt«.

Sie hatten ihr keine Antwort gegeben
Sie hätten auch keine gewusst
So blieb sie allein mit dem bisschen Leben
Und verkaufte sich ohne Lust

Kompanien hat sie schon drüber gelassen
Aber geliebt hat sie keiner
Da hat sie gelernt die Kerle zu hassen
Denn ihr Gefühl wurde feiner

Die Schamhaare hat sie sich gestern rasiert
Und verzweifelt gelacht dabei
Sie hätt sich vor ihrer Mutter geniert
Wär sie tot denkt sie: Eins zwei drei

So oder so ist das Leben
So oder so ist der Tod
Gott hat Euch Waffen gegeben
Auch das Blut Eurer Feinde ist rot

Ihr Vater nahm sie gern zwischen die Beine
Da hat sie gelacht und war stolz

Dann ging er weg und ließ sie alleine
Sie hat ihm verziehn – was solls

Doch Mutter die schlug sie oft windelweich
Weil sie schuld sei an Vaters Flucht
Da träumte sie sie würde mal reich
Und dieser Traum wurde zur Sucht

Sie kauft einen Killer der schlägt Mutter tot
Da hat sie vor Glück laut gelacht
Und trägt jetzt tagaus und tagein ihre Not
So hat sies zur Hure gebracht

So oder so ist das Leben etc.

Danach ist die Bühne leer, als das Licht wieder angeht. Roma B. und der Reiche Jude kommen.

4. Szene

DER REICHE JUDE Wissen Sie, dass ich manchmal Angst habe? Sie wissen es nicht, und warum auch. Die Geschäfte gehen zu gut, das will bestraft sein. Das sehnt sich geradezu nach Strafe. Aber statt Strafe zu empfangen, straft es, das Ängstliche – ich. Ich: nichts weiter als es. Keine Freiheit, keine Sehnsucht. Sie sind schön, scheint mir. Aber das ist egal. Sie könnten sein, wie Sie wollten. Schönheit, wem ist das genug. Ich kaufe alte Häuser in dieser Stadt, reiße sie ab, baue

neue, die verkaufe ich gut. Die Stadt schützt mich, das muss sie. Zudem bin ich Jude. Der Polizeipräsident ist mein Freund, was man so Freund nennt, der Bürgermeister lädt mich gern ein, auf die Stadtverordneten kann ich zählen. Gewiss – keiner schätzt das besonders, was er da zulässt, aber der Plan ist nicht meiner, der war da, ehe ich kam. Es muss mir egal sein, ob Kinder weinen, ob Alte, Gebrechliche leiden. Es muss mir egal sein. Und das Wutgeheul mancher, das überhör ich ganz einfach. Was soll ich auch sonst. Mit schlechtem Gewissen mir Krankheiten auf den Buckel laden? Die Krätze oder die Pest? Ich glaube an Gott, aber an die Gerechtigkeit zwischen den Mauern? Soll meine Seele geradestehen für die Beschlüsse anderer, die ich nur ausführe mit dem Profit, den ich brauche, um mir das leisten zu können, was ich brauche. Was brauch ich? Brauche, brauche – seltsam, wenn man das Wort ganz oft sagt, verliert es den Sinn, den es ohnehin nur zufällig hat. Die Stadt braucht den skrupellosen Geschäftsmann, der ihr ermöglicht, sich zu verändern. Sie hat ihn gefälligst zu schützen. Ist das schon Angst, wenn man sich nach dem Schutz fragt, noch bevor die Gefahr Zeichen gibt? Und die Angst, dass das Bein stirbt – ich rauche zuviel und lese beinah täglich von diesen schrecklichen Dingen.
Oh – verzeihen Sie, die Stunde ist um. Drei Minuten über der Zeit. Das wird dich eine Stange Geld kosten, Jud…

Hellfritz, Tenor, und Achfeld tragen einen Sarg über die Bühne. Die realistische Wohnküche wird wieder aufgebaut. Der Reiche Jude und Roma B. auf das Lied der beiden Männer Menuett tanzend ab.

HELLFRITZ, TENOR und ACHFELD Auf der Mauer auf der Lauer sitzt ne kleine Wanze. Schaut einmal die Wanze an, wie die Wanze tanzen kann. Auf der Mauer auf der Lauer sitzt ne kleine Wanze.

5. Szene

Franz B. sitzt im Zimmer. Roma B. stürzt herein.

ROMA B. Franz, Franz, sieh doch. Franz! Geld! Du kannst spielen gehen. Kannst wieder wer sein unter den anderen. Man darf dich nicht länger verachten. Keiner steht über dir, du bist der Größte. Oh, Franz!

FRANZ B. Ein Riese?! Ist das wahr?! Bei dieser Kälte ein Riese?! Was hast du getan dafür?! Reiß die Schnauze auf, Hure, was hast du getan für das Geld?

ROMA B. Nicht, Franz. Nicht! Du tust mir weh. Du brichst meinen Arm, Franz, pass auf.

FRANZ B. Was hast du getan für das Geld? Ein Riese bei diesem Wetter. Hast du den Kerl im Arsch geleckt, du Sau, du Hure, hast ihn im Arsch geleckt, Scheiße gefressen?! Machs Maul auf, schrei mir die Wahrheit ins Gesicht, bevor ich dich töte.

ROMA B. Ich hab ihn geliebt –

FRANZ B. *schmeißt sie auf den Boden* Waaas? Du hast ihn geliebt? Du bist die mieseste, ekligste Sau, die ich kenne. Sie hat ihn geliebt. Was wars denn für einer? Ein Millionärssohn? Ein Tennisspieler? Und sowas lieben. Ich spucke auf dieses Geld. Ich spucke drauf.

ROMA B. Es ist ein Jude. Ein dicker, hässlicher Jude. Keiner von denen, die du hasst, Franz, kein Tennisspieler. Einfach ein Judd.

FRANZ B. Und? Was hat er gemacht mit dir? Hat er dich geschlagen? Getreten? Oder was sonst war so viel Geld wert?

ROMA B. Nichts als die Liebe.

FRANZ B. Ist sein Schwanz so groß, dass er so viel zahlt? Hat er dir die Fotze ausgeweitet, das Loch zur Höhle gemacht? Hast du geschrien vor Lust? Hat es Spaß gemacht? Rede!

ROMA B. Sein Schwanz ist sehr groß.

FRANZ B. Na endlich. Wie groß?

ROMA B. Zwanzig Zentimeter vielleicht. Eher mehr.

FRANZ B. Eher mehr! Oh, diese Drecksau. Und weiter?

ROMA B. Dick ist er. Sehr dick.

FRANZ B. Wie dick?

ROMA B. Wie eine Bierflasche. Eher noch dicker.

FRANZ B. Sie hat sich von einer Bierflasche ficken lassen. Diese Weiber! Eine wie die andere. Alles das gleiche. Und weiter?

ROMA B. Er hat eine große Ausdauer. Es hat eine gute Stunde gedauert.

Franz B. reißt sie hoch und küsst sie lange. Dann rennt er hinaus. Roma B. sinkt auf dem Boden zusammen und hustet. Frl. Tau kommt herein.

FRL. TAU Ich gehe grade draußen vorbei und höre Sie. Geh doch mal rein, denk ich, vielleicht kannst du helfen.

ROMA B. Danke. Aber mir ist nicht zu helfen. Es ist trotzdem sehr lieb von Ihnen.

FRL. TAU Ich hab nur das Husten gehört, das waren doch Sie. Man muss auf sich achten, vor allem auf die Gesundheit.

ROMA B. Was reden Sie denn, gute Frau. Und zu wem?

FRL. TAU Mein Gott, ständig ist man drin in dem Dreck, was verlangt wird von einem, was die Sicherheit gibt. Ich weiß manchmal schon gar nicht mehr, wer das ist, der da redet. Es sprudelt ganz einfach heraus aus mir. Sie müssen verzeihen.

ROMA B. Es gibt ja gar nichts zu verzeihen. Sie meinens ja gut. Obwohl – das ist vielleicht das Schlimmste. Wenn einer es gut meint mit einem. Es geht mir schlecht. Es ist die Kälte, müssen Sie wissen. Und die Steine. Sie können wieder gehen.

FRL. TAU Ich störe nicht gern.

ROMA B. Kaum einer tut das. Böse sind viele. Aber meistens hat es Methode, das Böse, nicht wahr. Und fast immer verfolgt es ein Ziel.

FRL. TAU Auf diesem Weg können Sie sich nicht retten.

ROMA B. Wer will sich retten? Und wovor? Wer weiß denn schon über sich selbst Bescheid.

FRL. TAU Guten Abend. *Sie geht ab.*

Lichtwechsel. Im Spot steht Kraus, Peter. Playback singt er. Kraus, Peter: »Wenn Teenager träumen...«
Frl. Emma von Waldenstein, Asbach-Lilly, Miss Violet, Marie-Antoinette, Hellfritz, Tenor, und Jim sind das Ballett. Roma B. liegt am Boden und stöhnt. Sie liebt Kraus, Peter. Platonisch, versteht sich. Am Ende des Liedes nur Roma B. sowie Herr und Frau Müller auf der Bühne. Herr Müller macht sich für seinen täglichen Auftritt als Transvestit zurecht. Frau Müller sitzt im Rollstuhl.

6. Szene

MÜLLER Sie ist deine Tochter, Luise.

FRAU MÜLLER Weil sie dein Sohn nicht geworden ist.

MÜLLER Man bringt sich nicht um.

FRAU MÜLLER Sie lebt ja.

MÜLLER Leider. Da kann ich wieder nur sagen: leider.

FRAU MÜLLER Schau dich an, bitte. Wie ein Tiger rennst du herum, ohne Ruhe.

MÜLLER Was macht mich denn ruhig? Dieser Haushalt etwa? Wo sich alle naslang einer das Leben nimmt.

FRAU MÜLLER Du übertreibst.

MÜLLER Das richtige Maß an Übertreibung kommt der notwendigen Formulierung am nächsten.

FRAU MÜLLER Du bluffst.

MÜLLER Meinetwegen.

FRAU MÜLLER Es ist die Liebe. Einer hat sie verstoßen.

MÜLLER In diesem Alter wird man nicht verstoßen! Mit dreizehn! Das scheint mir leicht übertrieben.

FRAU MÜLLER Jetzt iss.

MÜLLER Wie soll ich essen mit einer verrückten Tochter im Haus?

FRAU MÜLLER Sie ist nicht verrückt. Sie ist krank.

MÜLLER Das ist dasselbe.

FRAU MÜLLER Für einen Scherz, und wär er noch so mager, würdest du dich verkaufen.

MÜLLER Ich verkauf mich doch schon für viel weniger.

FRAU MÜLLER Ja. Das ist richtig.

MÜLLER Wenn es dir zu wenig ist, bitte... Ich werde dir nicht im Wege stehn. Aber nimm deine Tochter mit, bitte. Falls du sie vergisst, schmeiß ich sie aus dem Fenster.

FRAU MÜLLER Du bist roh und stürzt dich von einem Extrem in das nächste.

MÜLLER Als Zweijährige hat sie schon onaniert.

FRAU MÜLLER Das ist normal.

MÜLLER Ich habe in dem Alter weiß Gott noch nicht onaniert.

FRAU MÜLLER Du bist eben ein Spätentwickler.

MÜLLER Ich habe mich längst damit abgefunden, dass ich zum Gespött der Leute auf dieser Erde geworden bin.

FRAU MÜLLER Eigentlich müsstest du solche Sätze singen, statt sie so simpel zu sprechen.

MÜLLER Ein Trost, dass ich die Nächte habe.

FRAU MÜLLER Und vergiss dein Butterbrot nicht wieder.

MÜLLER Gib mir doch mal bitte den dunkelroten Lippenstift, Schatz. Es scheint, ich habe meinen verloren.

FRAU MÜLLER Du solltest besser auf deine Sachen achten. Das Geld wird knapp.

MÜLLER Mein Gott! Welcher Mensch auf dieser Erde ertrüge diese ständigen Klagen.

FRAU MÜLLER Niemand klagt. Man redet ja nur.

MÜLLER Du verachtest mich. Heute kann ichs dir sagen.

FRAU MÜLLER Du sagst es mir jeden Tag. Und noch immer verachte ich dich nicht.

MÜLLER Wer um Gotteswillen hat sie denn verstoßen?

FRAU MÜLLER Ein Jugoslawe, glaub ich. Irgendein Ausländer auf alle Fälle.

MÜLLER Hör sich einer den an. Ein Jugoslawe verstößt ungestraft meine Tochter.

FRAU MÜLLER Ich glaube, er hat sie nicht geliebt.

MÜLLER So wird es sein. Weil sie auch nichts isst und zu dünn ist. Aber diese Schuld trifft auch dich, Luise. Weil du sie verwöhnst, wo du kannst.

FRAU MÜLLER Wenn es dir leichtfällt, nehm ich gerne jede Schuld, die du als Schuld erkannt hast, auf mich und bitte Gott um Vergebung.

MÜLLER Du spottest. Das steht einer Mutter nicht zu Gesicht. Bist du so lieb und holst mir ein Paar Nylonstrümpfe aus dem Schlafzimmer. Ich nehme heute die mit der Naht. Sie müssen links liegen. Oder im Nachtkästchen. Ich hatte sie versteckt, weil ich Angst vor deiner Tochter habe. Sie stiehlt, musst du wissen.

FRAU MÜLLER Roma stiehlt nicht, Roma leiht aus.

MÜLLER Leiht aus und gibt mit Laufmaschen zurück. Das ist schlimmer als Diebstahl. Das ist... Mir ist das Wort entglitten. Verzeih.

FRAU MÜLLER Was immer für ein Wort das sei, das dir entglitten ist, es passt nicht, Schatz.

MÜLLER Und wenn schon. Hilfst du mir ins Kleid, bitte. Danke. Na? Wie seh ich aus?

FRAU MÜLLER Bezaubernd, ehrlich. Wie jeden Tag.

MÜLLER Wirklich?

FRAU MÜLLER Ganz wirklich, Schatz. Du weißt doch, ich lüge nicht.

MÜLLER *singt* Warum soll eine Frau kein Verhältnis haben, kein Verhältnis haben. Ist sie hübsch, wird man sagen – schläft sie?

FRAU MÜLLER Ja. Sie schläft.

MÜLLER Und ich kann sie nicht sehen?

FRAU MÜLLER Nein, vielleicht ein andermal.

MÜLLER Danke. Hast du das Taxi bestellt, Luise?

FRAU MÜLLER Ja. Es muss gleich da sein.

Herr und Frau Müller gehen ab. Es folgt der Tango, den Roma B. und Marie-Antoinette tanzen. Ein Hauch von kalter Erotik.

7. Szene

Wohnküche. Franz B. tritt auf.

FRANZ B. Man hat es nicht leicht.
ROMA B. Du hast alles verloren, nicht wahr?
FRANZ B. Leicht verdientes Geld gibt sich leicht aus.
ROMA B. So ist es recht.
FRANZ B. Und die Pferde mochten so nicht laufen, wie ichs mir ausgedacht hatte. Es ist eben Schicksal.
ROMA B. Das ist kein Schicksal – das ist Dummheit.
FRANZ B. Du sprichst, wie dus verstehst. Aber das macht nichts.
ROMA B. Danke.
FRANZ B. Ist dir nicht gut?
ROMA B. Wieso?
FRANZ B. Du bist heute so anders, scheint mir. So – überlegen. Aber ich habe leider keine Wut mehr auf dich.
ROMA B. Das Atmen fällt mir schwer. Das ist alles.
FRANZ B. Ihr klagt und jammert. Sonst fällt euch nichts ein.
ROMA B. Ich klage nicht, Franz. Das ist gar nicht meine Art. Ich stelle lediglich fest.

FRANZ B. Wenn man dir so zuhört, könnte man dich glatt für vernünftig halten.

ROMA B. Und würde sich täuschen, ich weiß.

FRANZ B. Komm her – ich will dich streicheln. So ist es recht, brav. Sehr brav. Du bist doch mein gutes Mädchen. Bist du doch, oder? *Es klopft.* Ja!

Frl. Emma von Waldenstein kommt herein.

FRL. EMMA VON WALDENSTEIN Verzeihung, ich störe?

FRANZ B. Das sehen Sie doch. Aber es macht nichts. Wir sind nicht in Eile.

FRL. EMMA VON WALDENSTEIN Es ist wegen dem Zucker. Sie hatten mir versprochen, mir welchen auszuleihen, Roma. Weil heute Samstag ist, müssen Sie wissen.

FRANZ B. Oh! Was für eine Dramaturgie!

ROMA B. Kommen Sie, Emma. Ich gebe Ihnen den Zucker. Kommen Sie nur.

Franz B. öffnet ein Bier. Die beiden Frauen gehen hinaus, nachdem sie geflüstert haben. Dann steht der Kleine Prinz in der Tür.

DER KLEINE PRINZ Ist das die Wohnung von Frl. B.?

FRANZ B. Das ist meine Wohnung.

DER KLEINE PRINZ Aber – es steht B. an der Tür.

FRANZ B. Warum fragen Sie dann?

DER KLEINE PRINZ Das ist richtig. Es war wohl eher überflüssig.

FRANZ B. Eher. Ganz sicher.

DER KLEINE PRINZ Das liegt in meiner Art, wissen Sie. Ich drück mich gern etwas gekünstelt aus. Es war leicht zu lernen, und die Wirkung ist groß. Und dann, mein Chef, der reiche Jude, schätzt diese…

FRANZ B. Wer?

DER KLEINE PRINZ Der reiche Jude. Sie haben sicher von ihm gehört.

FRANZ B. Raus!

DER KLEINE PRINZ Oh, Sie dürfen das nicht so tragisch nehmen. Es scheinen mir lediglich Launen zu sein. Und mancher kann sich seine Launen eben leisten.

FRANZ B. Komm mal her.

DER KLEINE PRINZ Ja?

FRANZ B. Stimmt das, dass sein Schwanz so lang ist und dick wie eine Flasche?

DER KLEINE PRINZ Das kann ich abschließend so nicht sagen. Ich hab ihn nur einmal gesehen, beim Pissen. Denn – auch Juden müssen pissen. Und was ich da sah, war wohl eher weniger beeindruckend.

FRANZ B. Eher weniger.

DER KLEINE PRINZ Aber – man weiß ja, mit Schwänzen geschehen Wunder. Tja. Das Fräulein ist nicht zufällig da?

FRANZ B. Zufällig eher weniger. Aber sie ist da.

DER KLEINE PRINZ So.

FRANZ B. Ja.

DER KLEINE PRINZ Aha. Tja, ich will ja nicht unhöflich sein, aber ich hätte sie gerne gesprochen.

FRANZ B. Will er sie nochmal ... *Geste.*

DER KLEINE PRINZ Er ist eher ein verschlossener Mensch. Selbst seine engsten Vertrauten wissen selten über seine Pläne Bescheid.

FRANZ B. Eher verschlossen. Roma!!!

Roma kommt herein.

ROMA B. Oh, ich bin gar nicht vorbereitet.

DER KLEINE PRINZ Das macht nichts. Er erwartet Sie, wie Sie sind. Kommen Sie.

Franz B. trinkt an seinem Bier und ist ziemlich verdattert, dass er plötzlich allein ist. Da steht Oscar von Leiden im Zimmer.

OSCAR VON LEIDEN Ich hätte gerne Frl. B. gesprochen. Ich habe mich zu entschuldigen.

FRANZ B. Die ist beim Juden, der sie bezahlt.

OSCAR VON LEIDEN Ich hab schon gehört, dass dieser Herr ein Auge auf Frl. B. geworfen hat. Deswegen bin ich auch hier. Ich habe ihr Unrecht getan. Ich konnte ja schließlich nicht ahnen, dass sie plötzlich über Tag sozusagen solche Prominenz erreichen könnte.

FRANZ B. Prominenz?

OSCAR VON LEIDEN Gewiss. Diese Adresse wird in den besseren Kreisen seit heute hoch gehandelt.

FRANZ B. Was sie nicht sagen.

OSCAR VON LEIDEN Ich persönlich interessiere mich ja weniger für Frauen, das kann ich Ihnen gerne zugeben. Aber man tut, was man kann.

FRANZ B. Sind Sie – ich meine, vom andern Ufer? Ja?

OSCAR VON LEIDEN Ich such es mir aus. Ich tue einesteils, was mir Spaß macht. Zum andern, was ich muss, um nicht ins Gerede zu kommen. Mein Vater hat geschäftliche Beziehungen auch zum Juden und der Jude zu ihm. Sie müssen beide über ihren Schatten springen.

FRANZ B. Ich habs nie versucht.

OSCAR VON LEIDEN Über den Schatten zu springen?

FRANZ B. Das andere. Das, was Ihnen Spaß macht.

OSCAR VON LEIDEN Es kostet Sie nichts. Versuchen Sies einfach.

FRANZ B. Hätten Sie … was dagegen, mir zu helfen, es … zu versuchen?

OSCAR VON LEIDEN Ich bin nicht sehr wählerisch. Und das Leben ist kürzer, als es ein Recht hat zu sein.

8. Szene

Lichtwechsel. Im Spot steht Herr Müller und singt: »Davon geht die Welt nicht unter«. Er ist eine eher mittelmäßige Parodie auf Zarah Leander. Als das Licht wieder angeht, sind wir in einem Lokal. Wenige Gäste. Roma B. und der Reiche Jude.

DER REICHE JUDE Dieser Mann ist Ihr Vater, nicht wahr? Es war nicht schwer, das herauszufinden. Er hat Sie manchmal besucht, als Kunde, hab ich recht? Bleiben Sie da, setzen Sie sich wieder. Ich bin nicht prüde. Im Gegenteil. Das verleiht Ihnen einen etwas morbiden Reiz. Das müssen Sie sich bezahlen lassen. Ich, wissen Sie, lasse mir alles bezahlen. Jeden Furz, wenn Sie mir diesen abgedroschenen Vergleich gestatten. Sie sollten meinen Rat benutzen. Ich geh durch diese Stadt, als wäre sie nicht chaotisch, unbewohnbar wie der Mond, als wär sie offen, ehrlich, gradeaus. Und lache, bis sich mein Gebiss verfranst. Müller! Ich stelle Ihnen Ihren Vater vor, Sie nehmens mit der Ruhe. Ich wollte Sie bekannt machen, Müller – Frl. B. Zwei liebe Menschen. Übrigens, Sie waren heute wieder wunderbar.

MÜLLER Ja? Danke. An manchen Tagen strengt man sich besonders an.

DER REICHE JUDE Ganz recht, ganz recht. Und weiß warum, nicht wahr?

MÜLLER Man weiß, warum. So stehts geschrieben.

DER REICHE JUDE Die Frau Gemahlin? Auf der Höhe?

MÜLLER Liest Lenin nach wie vor und Marx.

DER REICHE JUDE Es hat schon schlechteres Gedankengut gegeben, wie Sie wissen.

MÜLLER Wie ich weiß.

DER REICHE JUDE Ja, ja – man lernt nie aus. Und immer neue Erfahrungen lösen alte ab. Aus Feinden werden Freunde, wenn sie müssen. Die Tage gehen zur Neige, machen neuen Tagen Platz. Wer sich zu helfen weiß, weiß sich zu helfen und so weiter. Hab ich recht?

MÜLLER Wie immer.

DER REICHE JUDE Danke. Sie können gehn. Und trinken Sie ein Glas auf meine Rechnung. Auch zwei, wenn die Gesundheit es erlaubt. Auf Wiedersehn.

MÜLLER Wiedersehn. Guten Abend, gnädige Frau.

ROMA B. Guten Abend.

DER REICHE JUDE Ein reizender Herr, nicht wahr. Fast könnte man vergessen, dass er Müller heißt.

Das Licht verändert sich. Im Spot stehen Marie-Antoinette und Jim. Sie singen das Duett aus La Traviata. Sie sind nackt. Dann fällt der Vorhang. Es ist

Pause.

Zweiter Teil

9. Szene

Wohnung Roma B. Abenddämmerung.

ROMA B. Statt glücklich zu sein, dir die Sonne auf den Bauch scheinen zu lassen, kriechst du in dich zurück, suchst, was du nie finden wirst.

FRANZ B. Ich habe Angst, Roma, und es zittert in mir.

ROMA B. Was macht dir Angst? Und was lässt dich zittern?

FRANZ B. Das Ausmaß der Dinge. Du gründest Konten auf Banken, kaufst Häuser, fährst Autos kaputt, ohne mit der Wimper zu zucken. Noch vor einem halben Jahr hatten wir das Geld nicht, den Kolonialwarenhändler zu bezahlen. Das wächst und wächst und gleitet mir aus der Hand.

ROMA B. Du liebst mich nicht mehr.

FRANZ B. Nein. Ich lieb dich nicht mehr. Ich hab dich im Dreck geliebt, im Schmutz. Für den Luxus reicht mein Gefühl nicht aus.

ROMA B. Das ist paradox.

FRANZ B. Mag sein, dass es ist, wie du sagst. Aber was ist an dir, dass sie dich reich machen, was ist es, das sie brauchen an dir?

ROMA B. Man soll keine Fragen stellen, die Antworten könnten schrecklich sein, Franz.

FRANZ B. Ich packe meine Reisetasche und gehe in die Stadt hinein, die mich verschlingt, wie sie viele vor mir verschlang.

ROMA B. Es gibt Gerüchte.

FRANZ B. Die gibt es immer.

ROMA B. Du sollst dich verändert haben, sagt man, du sollst nicht mehr sein, wie du warst.

FRANZ B. Was ist deine Meinung dazu?

ROMA B. Ich habe keine Meinung, ich liebe.

FRANZ B. Ja. Mich. Und das tut mir weh. Aber ich kann es nicht ändern.

ROMA B. Ich gebe dir Geld. Du sollst dich nicht umsonst gequält haben. Und ich hab dich so sehr gebraucht, Franz. Ich hatte doch nichts außer dir und deinen Schlägen, die mich wachgemacht haben.

FRANZ B. Sei nicht traurig, Roma. Alles hört irgendwann auf, das liegt im Wesen der Dinge.

ROMA B. Liebst du diesen … anderen?

FRANZ B. Liebe –? Roma. Was soll ich dir sagen?

ROMA B. Niemals die Wahrheit, das ist schon richtig. Die Wahrheit tut weh, und Lügen helfen zu überleben.

FRANZ B. Ich werd dich nie vergessen, Kleines. Deine dürren Ärmchen, deine ängstlichen Augen. Aber ich kann nicht anders. Und diese Angst vor den Dingen, die nicht in meinen Kopf wollen. Das klopft und klopft an den Schläfen. Und das Blut rauscht und verklebt mir die Ohren.

ROMA B. Ja. Du musst gehen, das hab ich verstanden.

Er streichelt sie noch einmal sehr zärtlich. Als er geht, kommt Jim über die Bühne.

JIM *singt* Ich bin nur ein armer Wandergesell, gute Nacht, liebes Mädel, gut Nacht. Gar dünn ist mein Wams, und gar dick ist mein Fell, gute Nacht, liebes Mädel, gut Nacht.

Der Zwerg springt über die Bühne.

DER ZWERG Wanzen! Lauter kleine schwarze Wanzen. Die Stadt stöhnt unter den Wanzen. Sie ächzt und zittert. Die Wanzen werden zur Plage. So lange zur Plage, bis die Stadt es gelernt hat, sie zu genießen, die Wanzen!

10. Szene

Hans von Gluck und Roma B.

HANS VON GLUCK Er saugt uns aus, der Jud. Trinkt unser Blut und setzt uns ins Unrecht, weil er Jud ist und wir die Schuld tragen. Ich grüble und grüble und zerre an meinen Nerven und sterbe eigentlich aus. Ich wache nachts auf, und leibhaftig den Tod vor Augen ist mir die Kehle wie zugeschnürt. Das sind Bilder, sagt mein Verstand, Mythen aus der Vorzeit der Väter. Und es sticht auf der linken Seite. Ist es das Herz, frag ich mich, oder die Gallenblase? Und Schuld hat der

Jud, weil er uns schuldig macht, denn er ist da. Wär er geblieben, wo er herkam, oder hätten sie ihn vergast, ich könnte heute besser schlafen. Sie haben vergessen, ihn zu vergasen. Das ist kein Witz, so denkt es in mir. Und ich reib mir die Hände, wenn ich mir vorstelle, wie ihm die Luft ausgeht in der Gaskammer. Und wieder reib ich die Hände und reibe und stöhne, ach wie gut, dass niemand weiß, dass ich Rumpelstilzchen heiß. Er ist immer einen Schritt schneller und lässt den anderen nichts als Almosen. Die schlechten Objekte, die sich als unrentabel entlarven. Deine Zeit ist um, flüstert es in mir, und ich fass mir das hundertstemal ans Herz und verfluche dieses System, das mich krank macht, das mich verletzt, wo es mich findet. Und kann einer fliehen mit Immobilien im Gepäck? Sie locken dich mit Sirenengesängen zurück, deine Grundstücke und deine Häuser, zurück, um dich zu quälen und zu verletzen. Und einer lacht sich ins Fäustchen und hat dich schon aufgekauft, noch ehe du ans Verkaufen dachtest. Und hat die Banken auf seiner Seite und die Mächtigen dieser Stadt. Und einesteils gibst du auf, um dich auf der anderen Seite um so mehr an den Besitz zu klammern, der dir Angst macht. Die Ärzte lügen dich an, sie stecken alle unter der einen Decke, sie halten dich so lange am Leben, bis du genügend gelitten hast und irgendwelche Götter genügend im Anblick deiner Leiden onaniert haben. Sie hassen dich und brauchen dich doch für ihre perversen Lüste, diese Götter, die nichts sind als Hexen und Feen aus den Alpträumen von Kindern, erfunden, auf dieses Leben vorzubereiten, das tötet. Der Jud versteht sich auf sein Gewerbe, Angst scheint ihm fremd, der Tod kann ihn nicht schrecken, ihn, der kein Leben lebt. Ich weiß, die Zeit ist um. Ich habe Ihnen Ihr Honorar überwiesen. Ich bedanke mich herzlich.

11. Szene

Während sich die Lederkneipe auf der Bühne etabliert, laut über Band: »Spiel noch einmal für mich Habanero« von Caterina Valente. In der Lederkneipe sind alle. Die meisten in Lederkostümen mit Orden und anderem Firlefanz. Marie-Antoinette wartet auf ihren Auftritt. Und Müller ist im Fummel.

DER REICHE JUDE Ich entferne mich langsam vom Geschäftsleben. Die Nacht nimmt mich gefangen mit ihren süßen Lastern, wie sie die Großstadt erfindet, die Metropole.

DER ZWERG Die Geschäfte gleiten ihm aus der Hand. Jetzt lügt er sich selbst in die Tasche.

DER REICHE JUDE Er hat den Widerpart schon gut gelernt, der Zwerg. Dennoch überzeugt er noch immer nicht vollends.

DER KLEINE PRINZ Man lässt ihm zu viele Freiheiten. Er verzettelt sich leicht.

DER REICHE JUDE Weil er so klein ist. Aber wir haben die Gewissheit, er wird nicht mehr wachsen. Müller! Überall da zu Hause, wo die Stadt sich in Neuartiges, Abartiges rettet.

MÜLLER Das Leben lässt einem nicht gerade die freie Entscheidung. Die Stadt fordert ihren Tribut.

DER REICHE JUDE Den mancher gern zahlt obendrein. Ich weiß das, ich kenne mich aus.

MARIE-ANTOINETTE *singt »Mein Lederkerl«.*

Alles aus Leder
Doch nebenbei
Bist du wie jeder
Im Einerlei
Schützt sie die Seele
Die Uniform?
Wenn ich dich quäle
Hast dus doch gern
Männer – Was ist das?
Keine Gefahr
Machen das Bett nass
Pflegen ihr Haar.
Ruf deine Mutter
Hab keine Angst
Und friss dein Futter
Dich kenn ich längst
Das Haar auf der Brust
Ist doch nur Schein
Und schreist du vor Lust
Schlafe ich ein

Trink deine Milch, Freund
Heul dich mal aus
Und hast du geweint
Dann komm nach Haus
Alles aus Leder
Doch nebenbei
Bist du wie jeder
Im Einerlei.

In den Applaus hinein entsteht Krawall.

DER REICHE JUDE Endlich Leben!

ROMA B. Franz!

DER REICHE JUDE Setzen Sie sich! Rasch! Sie haben Ihre Pflicht zu erfüllen.

MÜLLER II Hier küssen Männer keine Männer, Herr!

KRAUS, PETER Zieht ihm die Hose aus, dem Schwein. Er wills so haben.

ACHFELD Kastriert den Kerl! Wir schneiden ihm die Eier aus dem Sack!

HELLFRITZ, TENOR Ich halt ihn, los!

Zwei halten Franz B. Die anderen ziehen ihn aus. Sie halten ihre Ketten und Peitschen bereit. Als Franz B. nackt ist, fangen sie an, ihn zu schlagen. Frl. Emma von Waldenstein holt einen Eimer mit Wasser, immer wieder halten die anderen Franz B.s Kopf in den Eimer. Oscar von Leiden betet das Vaterunser.

FRANZ B. Dieser Wahnsinn!

KRAUS, PETER Schmerzen, Freund!

MÜLLER II Wie beliebt!

FRANZ B. Das Paradies!

ACHFELD Die Eier! Reißt ihm die Eier aus dem Sack!

FRANZ B. Ihr liebt mich ja! Mein Gott, ihr liebt mich ja.

KRAUS, PETER Wie eine Hündin.

MÜLLER II Wie war die Geschichte mit der Hure? Liebt sie dich?

FRANZ B. Sie liebt mich, ja!

ACHFELD Und du?

FRANZ B. Ich liebe euch! Rammt mir die Faust in den Arsch, reißt mich auf, lasst mich die Engel singen hören.

JIM Und jetzt ins Wasser mit der Sau!

FRANZ B. Tut gut an mir. Lasst mich verrecken!

ACHFELD Reißt ihm die Eier aus dem Sack.

FRANZ B. Verbrennt mich, stoßt mir die Nägel durch die Warzen auf der Brust, ich möchte bluten!

MÜLLER II Du wirst nie wieder, was du vorher warst.

FRANZ B. Ich ist ein anderes. Die Fäuste, Freunde! Fasst mich zärtlich an. So ist es gut. Die Fäuste in den Arsch, dass ich verrecke.

HELLFRITZ, TENOR Passt auf, er darf nicht sterben.

FRANZ B. Danke! Ich danke euch. Erniedrigt mich noch mehr. Lasst mich die Demut spüren.

Sie lassen ihn fallen wie einen nassen Sack und verlassen die Kneipe.

MÜLLER *singt* »Es muss was Wunderbares sein, von dir geliebt zu werden.« *Müller wäscht Franz B. mit seiner Perücke das Blut ab.*

MARIE-ANTOINETTE *singt* »Schlaf, Kindlein schlaf ...«

DER REICHE JUDE So rettet die Stadt sich in ihre versöhnlichen Gesten. Alles gleicht sich und ebnet sich ein.

DER ZWERG Es ist ein Spiel. Die Regeln sind vorher verteilt, der Sieger ermittelt, ehe das Spiel noch beginnt.

DER REICHE JUDE Und wenn schon. Das Unabsehbare lockt keinen mehr hinter dem Ofen vor. Wir haben uns verplant bis ans Ende dieses Jahrhunderts.

DER KLEINE PRINZ Es singt seine Lieder, wer Text hat, die stummen Rollen erschrecken die Kinder.

DER REICHE JUDE Und Häuser baut mit den Händen, wer praktischen Lohn will am Freitag, und ist der Rede weiter nicht wert.

DER ZWERG Es verachtet der Hässliche den Schweiß auf der Stirne der Schönheit. Die Verachtung bringt Geld und nachts ruhigen Schlaf ohne schlechtes Gewissen.

DER REICHE JUDE Es ist deine Rolle, die hast du gelernt, ohne die Stichworte zu beachten. Jetzt verplapperst du das Richtige an der falschen Stelle und hast keine Wirkung. Ich verliere mich in Kultur und Milieu, fange an, den Wert des Geldes zu vergessen. Ich hatte ein Ziel, das hat sich relativiert. Und doch geht es weiter. Ich habe in Gang gesetzt, jetzt hat es zu laufen.

DER KLEINE PRINZ Und vergessen Sie uns nicht, die für Sie da sind, zu Diensten, Ideen zu verwirklichen, die wert sind, verwirklicht zu werden. Ihren Lohn, gnädige Frau, haben wir auf Ihr Konto überwiesen. Sie werden zufrieden sein. Gute Nacht.

Der Reiche Jude, der Zwerg und der Kleine Prinz gehen ab.

FRL. EMMA VON WALDENSTEIN Die Stadt garantiert die Gleichheit der Chancen nicht mehr.

ROMA B. Sie hat sie nie garantiert.

ASBACH-LILLY Aber die Unterschiede waren nie so erschreckend wie jetzt.

ROMA B. Soll ich auf meine Chancen verzichten? Wer täte das schon?

FRL. TAU Jede von uns. Keine ließe den anderen so das Gefühl von Minderwertigkeit, wie Sie das derzeit praktizieren.

ROMA B. Ich nehme nur meine Chancen wahr.

FRL. EMMA VON WALDENSTEIN Aber mit welcher Überheblichkeit, welcher Grazie. Es ist die Grazie der Verachtung.

ROMA B. Ich verachte niemanden mehr. Ich habe auch aufgehört, den Mann zu verachten.

MISS VIOLET Das ist es. Sie verachten den Mann nicht mehr. Haben Sie vergessen, es ist eine der Spielregeln, den Mann zu verachten, der für die Liebe bezahlt.

ROMA B. Es ist keine Liebe, wo Verachtung ist.

FRL. EMMA VON WALDENSTEIN Das ist eben falsch. Nur wo Verachtung ist, hat die Liebe ein Recht.

ROMA B. Dann wär die Welt ja voller Liebe, warum ist sie es nicht?

ASBACH-LILLY Weil immer wieder einer das Gleichgewicht stört, mehr an sich denkt, statt an das Ganze.

ROMA B. Was ist denn das Ganze? Die Kraft, die in mir ist, die ist mein Ganzes. Das Ganze ist trügerisch.

FRL. EMMA VON WALDENSTEIN Wir verlieren uns in Diskussionen, wo wir schon längst eine Meinung haben.

ROMA B. Ich nehme doch keinem was weg. Ich lebe für mich und suche nach einer Lösung in mir.

FRL. TAU Sie stehlen uns das Gefühl, glücklich zu sein. Sie zeigen uns Grenzen, die wir nicht sehen wollen, die wir nicht sehen müssten, wenn Sie nicht wären, wie Sie sind.

MISS VIOLET Sie arbeiten gegen das eigne Geschlecht.

ASBACH-LILLY Sie sind dem Mann zum Bruder geworden, der Schwester zur Feindin.

FRL. EMMA VON WALDENSTEIN Wir haben in Zukunft nichts mehr gemein. Sie sind für uns auf der anderen Seite. Jetzt sind Sie allein. Werden Sie fertig damit.

Die Huren gehen ab.

ROMA B. Wie geht es ihm?

MÜLLER Er wird leben.
ROMA B. Will er denn leben?
MÜLLER Das weiß, wer die Kraft hat, in Seelen zu schauen.

Eine kleine Pause entsteht.

ROMA B. Vater?
MÜLLER Ja?
ROMA B. Was ist es, dass der Jude mich benutzt, um dich zu bekämpfen?
MÜLLER Er hebt dich empor, um mich zu erniedrigen. Der Gedanke ist einfach.
ROMA B. Hast du ihm denn so weh getan?
MÜLLER Er glaubt, ich hätte Schuld am Tod seiner Eltern.
ROMA B. Und? Ist es die Wahrheit?
MÜLLER Ich habe mich um den Einzelnen, den ich tötete, nicht gekümmert. Ich war kein Individualist. Ich bin Technokrat. Aber es ist möglich, dass ich der Mörder seiner Eltern bin, und ich wäre es gern. Also bin ichs.
ROMA B. Du trägst die Last und bist fröhlich dabei.
MÜLLER Es ist keine Last, der Mörder von Juden zu sein, wenn man die Überzeugungen hat, die ich habe.
ROMA B. Und die Erniedrigungen treffen dich nicht?
MÜLLER Sie gelten nicht wirklich mir, aber es gibt zu denken, was für ein Staat ist das, der zulässt, was täglich geschieht.

ROMA B. Die Zeiten sind eben anders.

MÜLLER Nicht wirklich. Im Grunde ist alles beim alten und hat seine Ordnung. Was will man mehr tun als warten. So warte ich drauf, dass meine Rechte auch wieder Recht werden.

ROMA B. Du hast viel Zeit, Vater.

MÜLLER Jahrhunderte, Roma. Wir sterben nicht aus, und jeder Schmerz, der uns zugefügt wird, macht uns freier und stark. Der Faschismus wird siegen.

ROMA B. Mir geht es gut, ich kann mir leisten, was mir Leben bedeutet.

MÜLLER Das sollst du, Roma. Und sollst nicht Skrupel haben wegen des Vaters. Der Vater wird sich retten. Der Vater steht auf der richtigen Seite.

JIM *singt* »Es steht ein Soldat am Wolgastrand…«

Frau Müller kommt im Rollstuhl.

FRAU MÜLLER Kommst du nach Hause, es ist so still ohne dich.

MÜLLER Ich komme. Da ist deine Tochter. Kennst du sie noch?

FRAU MÜLLER Sie ist schmal geworden.

MÜLLER Sie war immer schmal, aber es geht ihr gut. Sie ist reich.

FRAU MÜLLER Das macht es mir leichter, sie zu hassen.

ROMA B. Warum hasst meine Mutter ihr Kind?

MÜLLER Weil du jung bist und schön und Beine hast, Roma, die dich tragen. Ihre versagen sich ihr. Im Grunde hasst sie sich selbst.

FRAU MÜLLER Du redest und redest und denkst, du wüsstest Bescheid. Und Bilder erfindest du, die die Wirklichkeit nicht treffen. Und dennoch verzage ich nicht, ich kämpfe um unser Glück. Wir werden uns nicht fressen lassen von den Bedingungen, die nicht die unseren sind, die andere machen, damit wir sie erleiden.

Herr Müller schiebt seine Frau von der Bühne. Roma B. sehr allein. Franz B. ist noch immer ohnmächtig am Boden. Ein Gregorianischer Choral vom Band, die Bühne ist eine Kathedrale. Oscar von Leiden betet noch immer.

ROMA B. Das ist kein Leben, das sich lohnt, gelebt zu sein, Gott! Du erbrichst dich, und hinterher gehts dir besser. Aber wir? Wir hassen einander, bekämpfen uns, statt einig zu sein. Und das alles hast du so gewollt, Gott! Den Menschen Erkenntnisse geben, die er nicht in der Lage ist zu erfüllen. Wir verbrennen, und du wärmst deine gichtigen Finger an uns. Was lass ich alles über mich ergehen, die Schmerzen, die unstillbaren Sehnsüchte vieler? Was bin ich? Deine Stellvertreterin auf Erden? Ein Ding, das die Stadt lebenswert macht? Aber ein Ding eben, kein Mensch. Etwas, auf das man ablädt, fruchtlosen Samen und Schmerzen und Leid. Und die Stadt macht uns zu lebenden Leichen, zu Horrorfiguren ohne das richtige Kabinett, mit B-Ebenen als Lebensraum, mit Straßen, die uns vergiften, wo man uns noch vergiften kann. Mit Schmerzen, die uns Angst machen, wo wir es uns zu gut gehen lassen. Und jeder Genuss birgt schon die tödliche Reue in sich, und nur die Mörder retten sich, denn ihr Leben hat einen Inhalt, wenigstens das, sie haben das Beste getan. Ich sehe keinen Grund mehr, das zu ertragen, was mir den Atem nimmt, ohne ihn mir wirklich zu nehmen. Ich küsse Tote, schmecke den Geschmack von längst Gestorbenem, der Moder wird mir zum Gesangbuch, der Ekel zum Genuss. Und säng ich Lieder, die dem Abgrund trotzen, wär ich ein Luder, das das Gehirn von Affen frisst, die leben. Und tu ichs nicht, lass ich mich selber fressen. Man muss schon sein, wie es gefordert wird, sonst ist man ganz verloren, gänzlich unten durch. Ich will dies Leben nicht mehr leben, Gott. Ich wills verschenken, mich zum Opfer machen, der Stadt zuliebe, die Opfer braucht, um sich lebendig zu erscheinen, und nicht zuletzt, um mich zu retten, zu retten vor dem Tod im Leben, der mich denen gleichmacht, die vergessen haben, was das ist, ihr Leben. Die stumpf geworden sind und sprachlos und sich glücklich wähnen und vergessen, dass sie eigentlich nicht sind, und denen keine Zähne wachsen, sich im Dschungel zu behaupten. Ich danke ab, Gott. Ziehe Leine. Ich werde einen finden, der mich glücklich macht.

JIM Sie sind sehr einsam.

ROMA B. Das ist es nicht.

JIM Aber sie sind es.

ROMA B. Ja. Ich bin einsam.

JIM Sehen Sie. Das sind wir alle.

ROMA B. Töten Sie mich.

JIM Ich habe keinen Grund zu töten.

ROMA B. Es gibt Gründe genug.

JIM Mag sein. Aber ich singe. Das fordert genug. Das ist alles. *Er geht ab.*

Kraus, Peter kommt, will über die Bühne gehen.

ROMA B. Halt, bleiben Sie stehn!

KRAUS, PETER Ich bin in Eile.

ROMA B. Das sind wir alle.

KRAUS, PETER Was wollen Sie denn?

ROMA B. Sterben.

KRAUS, PETER Für diesen Luxus ist mir meine Zeit zu schade. Guten Tag. *Er geht ab.*

ROMA B. Sie sind besessen von sich.

OSCAR VON LEIDEN Sich nach dem Tod zu sehnen, ist soviel leichter als das Leben zu meistern.

ROMA B. Sie halten mich nicht ab.

OSCAR VON LEIDEN Wer könnte das schon. Ich liebe Ihren Mann.

ROMA B. Das ist Ihre Sache.

OSCAR VON LEIDEN Sie verachten uns nicht?

ROMA B. Ich habe schon lange keine Kraft mehr, irgend jemanden zu verachten.

OSCAR VON LEIDEN Sie haben mir gut getan.

Oscar von Leiden hebt Franz B. vom Boden auf und trägt ihn wie Christus das Kreuz von der Bühne. Es gehen Kraus, Peter, Jim, Hellfritz, Tenor, Müller II, Achfeld und Hans von Gluck über die Bühne und singen: »Oh du schöner Westerwald«. In der Reihe die letzten sind der Reiche Jude und der Kleine Prinz. Sie bleiben da.

DER REICHE JUDE Ich habe gespürt, dass Sie mich brauchen. Ich bin da.

ROMA B. Ich habe versagt.

DER REICHE JUDE Sprechen Sie nicht.

ROMA B. Ich verzichte auf meine Rolle. Sie befriedigt mich nicht.

DER REICHE JUDE Damit haben Sie verspielt. Sie haben ohnehin Ihren Zweck schon erfüllt.

ROMA B. Das weiß ich längst. Ich habe Ihnen verziehen.

DER REICHE JUDE Sie haben kein Recht, mir zu verzeihen. Das steht Ihnen nicht zu.

ROMA B. Ich weiß, was mir zusteht. Ich habe kein Recht zu verzeihen, kein Recht zu fordern. Ich habe überhaupt keine Rechte. Das ist meine Chance. Die Ohnmacht ist meine Chance.

DER REICHE JUDE Wir haben nie Musik gehört zusammen, können Sie sich erinnern?

ROMA B. Ich kenne mich aus. Musik hätte uns täuschen können.

DER REICHE JUDE Und wer hätte das Bedürfnis gehabt, getäuscht zu werden?

ROMA B. Wir alle. Wir brauchen die Lieder, die von Liebe singen.

DER REICHE JUDE Sie sind verzweifelt. Aber Ihre Verzweiflung ist nichts wert. Man handelt nicht mit dieser Sorte von Verzweiflung.

ROMA B. Ich hatte nicht vor, Geschäfte zu machen.

DER REICHE JUDE Wenn Sie mich verletzen wollen, das gelingt Ihnen nicht.

ROMA B. Das wissen Sie selbst am besten.

DER REICHE JUDE Ich könnte Ihnen verzeihen, wenn ich wollte.

ROMA B. Ja. Aber ich verzichte auf Ihre Verzeihung. Sie trösten mich nicht.

DER REICHE JUDE Sind Sie so sicher?

ROMA B. Nein. Vielleicht haben Sie recht. Vielleicht sind es abermals Sie, den ich brauche.

DER REICHE JUDE Sie haben sich bereits Gedanken gemacht?

ROMA B. Ja. Ich will sterben.

DER REICHE JUDE Das ist die beste Lösung. Da sind wir uns einig.

ROMA B. Aber ich habe nicht die Kraft, es zu tun.

DER REICHE JUDE Woher auch? Haben Sie Pläne?

ROMA B. Nein. Ich bin ganz auf mich selbst angewiesen. Wie sollte dieser Kopf noch Pläne schmieden?

DER REICHE JUDE So ist es recht. Und weiter?

ROMA B. Wollen Sie es für mich tun? Sie könnten sogar Befriedigung dabei empfinden. Und dann – es hält ja nicht weiter auf.

DER REICHE JUDE Und auf die Frage – Habe ich Gründe? – würden Sie antworten.

ROMA B. Ich könnte sagen, ich weiß zuviel, jetzt, wo ich rede. Aber das würde Ihnen wohl nicht genügen.

DER REICHE JUDE Nein. Das würde mir nicht genügen. Ich tue es für Sie.

ROMA B. Danke. Ich bin müde und gehe jetzt zur Ruhe. Wir beide wissen, das ist wenig, aber es ist das Einzige. Es ist die praktische Sehnsucht. Aber wem wird schon die Sehnsucht gestillt? Lassen Sie mich nicht länger warten.

Der Reiche Jude nimmt seine Krawatte und erwürgt Roma B. Sie erstickt lautlos. Der Reiche Jude geht ab.

DER KLEINE PRINZ *geht auf die Knie* Oh mein Gott, ich danke dir. Er hat sie getötet, er hat sich selbst disqualifiziert. Es ist klar, er hat sie geliebt. Wer liebt, der hat seine Rechte verspielt. *Er rennt weg.*

Hellfritz, Tenor und Achfeld kommen mit dem Sarg und legen Roma. B. hinein. Sie summen vielleicht ein Lied. Währenddessen findet der Umbau auf das Zimmer des Polizeipräsidenten statt. Es ist in einem Hochhaus im 16. Stock. Mann kann über die ganze Stadt sehen, hinter den halbgeöffneten Rolläden.

MÜLLER II Sie hat ohnehin länger gelebt, als man hätte erwarten können.

KRAUS, PETER So ist es. Die Stadt frisst ihre Kinder.

MÜLLER II Wo sie sie findet. Ganz recht.

KRAUS, PETER Spuren?

MÜLLER II Spuren genug. Aber was lohnt sich?

KRAUS, PETER Eben. Legen wirs zu den Akten.

MÜLLER II So ist es. Betrüblich.

KRAUS, PETER Mehr oder weniger, nicht wahr?

MÜLLER II Mehr oder weniger. Richtig. Um wen ist es schade? Um das Opfer?

KRAUS, PETER Gewiss nicht.

MÜLLER II Sehen Sie, man wird sich schnell einig.

KRAUS, PETER Wird man. Sie haben recht. Es ist die Mühe nicht wert.

MÜLLER II Die Geschichte wird sich im Sande verlaufen.

KRAUS, PETER Wo sie auch hingehört. Hab ich recht?

MÜLLER II Haben Sie, mein Guter, haben Sie.

Der Kleine Prinz kommt.

DER KLEINE PRINZ Es ist meine Pflicht.

MÜLLER II Das hat jeder selbst für sich zu entscheiden.

DER KLEINE PRINZ So ist es. Und ich habe mich entschieden.

MÜLLER II Dann muss es wohl sein.

DER KLEINE PRINZ Ja. Ich kenne den Mörder.

MÜLLER II Den Mörder? Suchen wir einen Mörder?

KRAUS, PETER Nicht, dass ich wüsste. Wir suchen doch keinen Mörder.

MÜLLER II Eben. Wir suchen in der Tat keinen Mörder.

DER KLEINE PRINZ Es mag ja sein, dass Sie nicht suchen, Sie werden ihn dennoch finden, ob es Ihnen Spaß macht oder nicht.

MÜLLER II Warum lassen sie den Toten nicht ihre Ruhe? Haben sie verdient, dass man solch ein Spektakel macht um sie? Dass ihnen in der Hölle noch die Ohren klingen müssen?

DER KLEINE PRINZ Es geht hier um die Lebenden, und in diesem Fall geht es um mich. Nämlich: ich werde das Geschäft übernehmen.

KRAUS, PETER Wenn man Sie anhört.

DER KLEINE PRINZ Die mich hören, werd ich zu finden wissen.

MÜLLER II Er wirkt entschlossen, nicht wahr?

KRAUS, PETER Ja. Er wirkt ziemlich entschlossen.

MÜLLER II Sonderbar. Noch immer kennt einer die Gesetze der Stadt nicht. Was soll man da tun?

KRAUS, PETER Es ist zum Verzweifeln.

DER KLEINE PRINZ Der Reiche Jude hat sie umgebracht. Sie werden ihn verhaften und hinter Schloss und Riegel sperren.

MÜLLER II Es ist so traurig. Warum antwortet einer, den keiner gefragt hat? Aber des Menschen Wille ist sein Himmelreich.

Kraus, Peter, ist hinter den Kleinen Prinzen getreten und haut ihm die Pistole auf den Kopf. Der Kleine Prinz sackt zusammen. Kraus, Peter, nimmt ihn und wirft ihn aus dem Fenster. Er schaut ziemlich lange hinterher.

KRAUS, PETER So! Es ist schade. Dinge muss man

manchmal tun. Das könnte einem glatt das Leben verleiden.

Müller II greift zum Telefon.

MÜLLER II Hier ist der Polizeipräsident, Müller II. Mir ist gerade einer aus dem Fenster gehüpft. Sehen sie doch mal nach, bitte.

Der Reiche Jude und der Zwerg kommen.

DER REICHE JUDE Ich hatte Glück. Beinahe wäre mir jemand auf den Kopf gefallen.

MÜLLER II Ja, das war einer, der hatte keinen Spaß mehr am Leben.

DER REICHE JUDE Schade, wirklich. Er war an sich ein fleißiges Kerlchen.

KRAUS, PETER Er hat den Fleiß übertrieben, das war es.

MÜLLER II Er wusste was von Dingen, die nicht die seinen waren.

DER REICHE JUDE Ich kanns mir denken. Diese Städte! Was machen die aus uns. Übrigens, der Zwerg hier, dieses Ungetüm, der kann bezeugen, wo ich war, als dieser Mord geschah. Eine hässliche Geschichte, nicht wahr?

DER ZWERG Wir waren im Westen, zu der Zeit. Zu jeder Zeit, die nötig ist, waren wir im Westen bei Geschäften.

MÜLLER II So ist es recht, mein Kleiner, brav ist er, brav.

DER REICHE JUDE Wenn einer klein ist, bleibt ihm keine andre Wahl, als brav zu sein, nicht wahr?
ZWERG So ist es.

Achfeld und Hellfritz, Tenor, schleppen Franz B. herein und schmeißen ihn vor Müller II auf den Boden.

MÜLLER II Sehen Sie – das ist der Mörder, den wir brauchen, der es uns recht macht. Oder?
FRANZ B. Nein!
MÜLLER II Schon gut, mein Junge, wir werden uns schon einig werden.

Anhang

Nur eine Scheibe Brot

Fassbinders erstes Theaterstück. 1966 erhielt es beim Dramatiker-Wettbewerb der Jungen Akademie in München den dritten Preis, wobei ein erster Preis nicht vergeben wurde. In der Jury saßen u.a. Tankred Dorst und Laurens Straub. Eine kurz nach dem Theaterstück entstandene Drehbuchfassung mit dem Titel »Parallelen – Notizen und Texte zu einem Film« reichte Fassbinder im gleichen Jahr zur Aufnahmeprüfung an der neugegründeten Film- und Fernsehakademie in Berlin ein. Er wurde zur Aufnahmeprüfung eingeladen, bestand diese jedoch nicht. Vorabdruck des Theatertextes in Theater heute, Heft 5, Mai 1994, noch ohne die erste Szene.

Aufführungen:
12. August 1995 Uraufführung des Volkstheaters Wien bei den Bregenzer Festspielen. Regie Georg Schuchter (der auch die Hauptrolle spielt). Mit u.a. Magdalena Felixa, Hannes Gastinger, Alexandra Braun und Peter Uray.
18. September 1995 Théâtre de la Bastille, Paris.
32. April 1996 Bremer Theater, Studiobühne Concordia, deutsche Erstaufführung.
3. Mai 1996 Theater an der Basilika, Hamburg.
29. Mai 1996 Art Bureau, München im Münchner Neuen Theater.
17. Januar 1997, The Theatre-Studio, New York.

Der Müll, die Stadt und der Tod

Offener Brief von Rainer Werner Fassbinder (Originaltext)

Gegen mein Stück *Der Müll, die Stadt und der Tod* wird der Vorwurf erhoben, es sei »antisemitisch«. Unter dem Vorwand dieses Vorwurfs wird von einzelnen Gruppen etwas ausgetragen, das ich in seiner Absicht und in seiner Konsequenz noch nicht begreifen kann, was aber mit mir und meinem Stück nichts zu tun hat.

Zum Stück: Es gibt in der Tat unter der Vielzahl von Figuren in diesem Text auch einen Juden. Und das sicher nicht zufällig, gewiss. Dieser Jude ist reich, ist Häusermakler, trägt dazu bei, die Städte zuungunsten der Menschen zu verändern; er führt aber letztlich doch nur Dinge aus, die von anderen zwar konzipiert wurden, aber deren Verwirklichung man konsequent einem überlässt, der durch Tabuisierung unangreifbar scheint. Der Ort, wo man diesen Sachverhalt auch in der Realität entdecken kann, heißt Frankfurt am Main.

Die Sache selbst ist nichts anderes als eine Wiederholung, auf anderem Niveau zwar, aber doch eine Wiederholung der Zustände im 18. Jahrhundert, als den Juden allein Geldgeschäfte erlaubt waren, und diese Geldgeschäfte, oft die einzige Möglichkeit der Juden zu überleben, zuletzt wieder nur denen Argumente lieferten, die sie quasi zu dieser Tätigkeit gezwungen hatten und die ihre eigentli-

chen Gegner waren. Nicht anders hier: Die Stadt lässt die vermeintlich notwendige Dreckarbeit von einem, und das ist besonders infam, tabuisierten Juden tun, und die Juden sind seit 1945 in Deutschland tabuisiert, was am Ende zurückschlagen muss, denn Tabus, darüber sind sich doch wohl alle einig, führen dazu, dass das Tabuisierte, Dunkle, Geheimnisvolle Angst macht und endlich Gegner findet. Anders und vielleicht genauer gesagt, die, die sich gegen ein Aufreißen dieser Vorgänge wehren, sind die wahren Antisemiten, sind die, deren Motive man genauer untersuchen sollte, die, wann hat es das zuletzt gegeben, gegen den Autor eines Stückes mit Sätzen argumentieren, die er – um sie kritisierbar und transparent zu machen – für seine Figuren erfunden hat.
Und natürlich gibt es in diesem Stück auch Antisemiten, leider gibt es sie nicht nur in diesem Stück, sondern eben beispielsweise auch in Frankfurt. Ebenso natürlich geben diese Figuren, und ich finde es eigentlich überflüssig, das zu sagen, nicht die Meinung des Verfassers wieder, dessen Haltung zu Minderheiten aus seinen anderen Arbeiten eigentlich bekannt sein sollte. Gerade einige hysterische Töne in der Diskussion um dieses Stück bestärken mich in der Angst vor einem neuen »Antisemitismus«, aus der heraus ich dieses Stück geschrieben habe.

RWF Paris, am 28. März 1976

Warum hat »der Reiche Jude« keinen Namen?

In einer Diskussion anlässlich der Vorführung des Spielfilms *Schatten der Engel*, dessen Dialogtext mit dem Theaterstück *Der Müll, die Stadt und der Tod* weitgehend identisch ist, antwortet Fassbinder auf die Frage, warum er der Figur »der Reiche Jude« keinen Namen gegeben habe: »Der Mann braucht im Film und im Stück keinen Namen, wenn die anderen Figuren über ihn sprechen. In der Buchausgabe wird er einen Namen haben.« Zu Lebzeiten Fassbinders kam das Stück trotz verschiedener Versuche nicht zur Uraufführung. Eine Aufzeichnung der Diskussion wurde dem Verlag erst im Oktober 1985 bekannt; in der zweiten Auflage wurde die vom Autor geplante, aber nicht mehr ausgeführte Änderung im Personenverzeichnis angedeutet.

Der Müll, die Stadt und der Tod
Chronologie der Ereignisse

1974
Rainer Werner Fassbinder übernimmt zum Beginn der Spielzeit die künstlerische Leitung (im Rahmen eines Mitbestimmungsmodells) des Theater am Turm (TAT) in Frankfurt. Mit ihm kommen Mitglieder aus der ehemaligen Gruppe des Münchner antiteaters (action-Theater) wie Kurt Raab, Ursula Strätz, Irm Hermann, Ingrid Caven und Peer Raben, aber auch einige Schauspieler aus der Filmarbeit wie Margit Carstensen, Brigitte Mira, Gottfried John, Peter Chatel, Volker Spengler und Karlheinz Böhm. Früher Plan eines »Frankfurt-Stücks«: Das Ensemble beschäftigt sich mit Frankfurter Problemen, insbesondere mit der Immobilienspekulation im Frankfurter Westend. Kollektive Arbeit an einem Theaterstück mit dem Arbeitstitel *Bahnhofrevue*, die missglückt.

1975
Fassbinder beschließt, das Frankfurt-Stück selbst zu schreiben: *Der Müll, die Stadt und der Tod* hat im Manuskript den Untertitel *Frankenstein am Main.* Daniel Schmid erzählt, das Stück sei auf dem Flug von Frankfurt nach Dakar wie in Trance niedergeschrieben worden (März).

Nahezu zeitgleich zu dem Stück schreibt Fassbinder ein Drehbuch nach Gerhard Zwerenz' Roman *Die Erde ist unbewohnbar wie der Mond.*

Das Mitbestimmungsmodell am TAT mit seiner Gruppendynamik sowie Fassbinders zeitweise Abwesenheit führen zu heftigen Auseinandersetzungen im Ensemble des TAT, die das Theater zu sprengen drohen. Fassbinder kündigt seinen Vertrag als künstlerischer Leiter zum Ende der Spielzeit, beginnt aber dennoch im Mai mit den Proben zu *Der Müll, die Stadt und der Tod.* Vorgesehene Besetzung u.a.: Margit Carstensen (Roma B.), Irm Hermann (Emma von Waldenstein), Volker Spengler (Franz B.), Kurt Raab (»Reicher Jude«). Die Proben werden abgebrochen, u.a. deshalb, weil der Rechtsträger die Gage des Gnomen-Darstellers nicht bewilligt. Fassbinder verlässt das Theater im Juli. Der Versuch, das Stück mit den entlassenen TAT-Schauspielern als freie Gruppe in einer Tourneeproduktion herauszubringen, scheitert.

Herbst 1975: Verfilmung des Stückes unter dem Titel *Schatten der Engel* in Wien. Regie: Daniel Schmid mit Fassbinder in der Rolle des Franz B. (hier: Raoul) sowie mit Ingrid Caven, Klaus Löwitsch, Annemarie Düringer, Adrian Hoven, Boy Gobert, Ulli Lommel, Irm Hermann u.a. Produktion: Albatros Produktion, München, und Artcofilm SA, Genf.

1976
Uraufführung des Filmes *Schatten der Engel* am 31. 1. 1976 auf dem Filmfestival Solothurn.
März: Erstveröffentlichung des Stückes in dem Band *Stücke 3* (Band 803 der edition suhrkamp, Suhrkamp Verlag, Frankfurt am Main).

Helmut Schmitz kritisiert es am 12. März in der *Frankfurter Rundschau* als antisemitisch.

Am 19. März erscheint in der *Frankfurter Allgemeinen Zeitung* Joachim Fests Artikel *Reicher Jude von links*, der grundlegende Auslöser der folgenden jahrelangen Kontroversen.

Der Suhrkamp Verlag weist zwar die gegen Autor und Verlag erhobenen Vorwürfe des Linksfaschismus zurück, zieht aber das Buch mit der Erklärung zurück, Missdeutungen des Textes ausschließen zu wollen. Erst nach dieser öffentlichen Erklärung wird auch der Autor informiert und um eine klärende Stellungnahme gebeten. Danach könne man den Band wieder ausliefern. Fassbinder schreibt die Stellungnahme, die von Suhrkamp in einer ohne Rücksprache mit dem Autor um wesentliche Stellen gekürzten und redigierten Textfassung veröffentlicht wird. Das Buch wird trotzdem eingestampft. *Fassbinders Originaltext in diesem Band.*

Am 10. April erscheint *Linke Schwierigkeiten mit Links* von Joachim Fest in der FAZ, worin er seine

Vorwürfe bekräftigt und Fassbinder »Antisemitismus von links« vorwirft.

Mai: Der Film *Schatten der Engel* ist offizieller Beitrag der Bundesrepublik im Wettbewerb des Filmfestivals Cannes. Dabei kommt es zu einem Eklat durch die israelische Delegation der Festspiele. Ihr wird zugetragen, der Film sei antisemitisch. Die Delegation verlangt, da der Film offiziell schon gelaufen war, eine Sondervorführung, die aus banalen Gründen nicht zustande kommt. Daraufhin fordert die Delegation von der Festivalleitung, den Film wegen Antisemitismus nachträglich zurückzuziehen. Als diese sich weigert, reist die Delegation nach Rücksprache mit ihrer Regierung ab, ohne den Film gesehen zu haben.

Im Mai wird der Film im 3. Programm des Hessischen Rundfunks ausgestrahlt. Der deutsche Kinostart ist im August. In Frankfurt läuft der Film im September. Fassbinder veröffentlicht noch im selben Jahr gemeinsam mit Daniel Schmid bei 2001 *Schatten der Engel. Das Drehbuch* mit einer Dokumentation der Kontroverse.

28. November: Szenische Lesung von *Der Müll, die Stadt und der Tod* am Schauspielhaus Bochum (Regie Peer Raben) mit anschließender Diskussion (Fassbinder, Gerhard Zwerenz, Volker Canaris, Jean Améry, Erich Fried, Karl Dietrich Bracher).

1978
Nach dem Ende der Dreharbeiten des Filmes *In einem Jahr mit 13 Monden,* der in Frankfurt spielt und auch dort gedreht wird und in dem ebenfalls ein »reicher Jude«, der Frankfurter Immobilienmakler Anton Saitz, eine wesentliche Rolle einnimmt, will Fassbinder am Schauspiel Frankfurt zur Spielzeiteröffnung 1978/79 die Rolle des Jago in Peter Palitzschs Inszenierung des *Othello* spielen sowie anschließend ein nicht genanntes Stück im gleichen Bühnenbild inszenieren. Am 22. September heißt es, Fassbinder habe am ersten Probentag einen Kollaps erlitten und könne die Rolle nicht übernehmen. Das andere Stück, meldet später die *Frankfurter Rundschau,* sei *Der Müll, die Stadt und der Tod* gewesen.

Das Stück erscheint wieder im Druck in: *Theaterbuch I,* hg. von Horst Laube und Brigitte Landes, Carl Hanser Verlag, München 1978. Das Buch enthält Materialien über die bisherigen Kontroversen und ein Gespräch mit Fassbinder, in dem dieser auch äußert, Deutschland verlassen zu wollen.

Den Verlag der Autoren, dessen Autor und Mitgesellschafter RWF ist, verpflichtet er mündlich, die Uraufführung von *Der Müll, die Stadt und der Tod* nur in Frankfurt am Main, Paris oder New York zuzulassen.

1979
22. Januar: Von Fassbinder selbst autorisierte Amateur-Aufführung des Stückes an der Studiobühne des Musischen Zentrums der Ruhr-Universität Bochum. Regie: Günther Wille.

1982
10. Juni: Rainer Werner Fassbinder stirbt.

1984
Der Müll, die Stadt und der Tod erscheint zusammen mit *Die bitteren Tränen der Petra von Kant* in der Theaterbibliothek des Verlages der Autoren.

Frühjahr: Am Schauspiel Frankfurt wird unter der neuen Leitung von Adolf Dresen erneut eine Inszenierung geplant, wieder in Palitzschs Regie. Dresen sagt das Projekt nach einem Gespräch mit Mitgliedern der Jüdischen Gemeinde Frankfurts ab.

Die Alte Oper Frankfurt mit ihrem Generalmanager Ulrich Schwab bereitet die Uraufführung des Stückes zu den Frankfurt Festen 1984 vor. Das Stück soll vom 30. 8. bis zum 9. 9. im Rohbau des U-Bahnhofes vor der Alten Oper gespielt werden. Regie Volker Spengler, Dramaturgie Heiner Müller, der sich stark für das Stück einsetzt. Unter den Schauspielern Monica Bleibtreu, Ingrid Caven, Irm Hermann, Richy Müller, Walter Reyer. Der Aufsichtsrat der Alten Oper (Vorsitzender Oberbürgermeister Walter Wallmann) untersagt die Aufführung, u.a. mit der Begründung, Schwab dürfe im Konzerthaus Alte Oper kein Sprechtheater zeigen. Als Schwab schließlich das Stück aus Loyalität mit der Alten Oper zurückzieht, löst dieser Verzicht Angebote verschiedener deutscher Bühnen aus, die Uraufführung (nach Fassbinders Verfügung) in Frankfurt zu übernehmen: So kündigt Schwab die Uraufführung durch das Berliner Renaissance-Theater an, die durch Kulturdezernent Hilmar Hoffmann wiederum verhindert wird. Die folgende heftige Auseinandersetzung über die städtische Zensur führt schließlich zur fristlosen Entlassung Schwabs.

Das 20-köpfige Ensemble, das bereits seit Wochen die Aufführung probt, wird von der Stadt mit 370.000 DM ausgezahlt. Die Schauspieler müssen sich jedoch verpflichten, bis zum 31. 3. 1985 (d.h. bis nach der kommenden Kommunalwahl) in keiner Form an einer Aufführung des Fassbinder-Stückes im Frankfurter Raum mitzuwirken, andernfalls würde die Rückzahlung des Honorars sofort fällig. Die Schauspieler akzeptieren.

Ulrich Schwab will eine Gesellschaft gründen, die das Stück in Frankfurt zur Aufführung bringen soll.

Volker Spengler will das Stück in der ersten Märzwoche 1985, möglicherweise in einem Zelt, uraufführen.

1985
April: Der neu berufene Intendant des Frankfurter Schauspiels, Günther Rühle, stellt Ensemble und Spielplan vor. Er antwortet auf die Frage eines Journalisten, Frankfurt und das Frankfurter Theater hätten sich dem Stück verantwortungsvoll zu stellen.

September: Rühle gibt bekannt, dass *Der Müll, die Stadt und der Tod* aufgeführt werden soll. Die Ankündigung löst eine Flut von lokalen und überregionalen Diskussionen aus, Proteste der Jüdischen Gemeinde, der Organisationen deutsch-jüdischer Zusammenarbeit, der politischen Parteien (SPD und Grüne eher für, CDU und FDP gegen eine Aufführung). WIZO- Frauen (Women's International Zionist Organisation) sammeln mit Unterschriftslisten prominente Namen gegen die Aufführung (Hermann Josef Abs, Harry Buckwitz, Liesel Christ, Siegfried Unseld, Walter Wallmann) und kündigen eine Demonstration eine Stunde vor der Uraufführung an. Heftige Diskussionen um mögliches Verbot, Zensur und Freiheit der Kunst. Die CDU beantragt eine Debatte des Stadtparlaments, in der Rühles Absicht, das Stück aufzuführen, missbilligt wird.

Rühle versucht in drei Diskussionsrunden am 23. und 30. 9. und am 7. 10. mit seinem Publikum die Probleme des Stückes und seiner Rezeption zu klären.

Das Jüdische Kulturforum Berlin erstattet Strafanzeige »wegen Volksverhetzung und Rassenhass« gegen Intendant und Regisseur. Die Staatsanwaltschaft wird jedoch kein Ermittlungsverfahren einleiten.

Die Dramaturgische Gesellschaft plädiert für die Aufführung mit dem Argument, das Stück könne nur durch eine Aufführung angemessen beurteilt werden.

Schauspiel Frankfurt und Verlag der Autoren kommen überein, im Personenzettel des Programmheftes die Figur des »reichen Juden« als »A., genannt ›Der Reiche Jude‹« zu nennen, analog zu den Nachnamen B. der beiden anderen Hauptfiguren. Dramaturg Heiko Holefleisch hatte einen entsprechenden Hinweis Fassbinders in einem Tonband einer Diskussion in Wilhelmsbad 1976 entdeckt.

Vor der am 31. Oktober angesetzten Uraufführung des Stückes kündigt die Jüdische Gemeinde an, mit einer Diskussion vor Beginn der Vorstellung und anderen Aktionen die Aufführung verhindern zu wollen.

Zum Tag der Premiere rufen die FDP sowie WIZO zu einer Kundgebung vor dem Kammerspiel auf. Die beiden christlichen Kirchen wollen mit einem »Schweigemarsch« durch die Straßen der Innenstadt gegen die Uraufführung protestieren.

31. Oktober: Das Theater ist von der Polizei vom Verkehr abgeriegelt. 1000 Demonstranten vor dem Kammerspiel. Transparente, Sprechchöre. Im Theater besetzen nach dem Aufgehen des Vorhangs ca. 30 Männer und Frauen die Bühne und entfalten das Transparent »Subventionierter Antisemitismus«. Im Zuschauerraum dann heftige Diskussionen zwischen den Befürwortern und den Verhinderern der Aufführung. Nach mehr als zwei Stunden werden die Zuschauer nach Hause geschickt. Die Diskussionen gehen vor dem Theater bis in die Nacht weiter.

Rühle will die Aufführung an einem der nächsten vorgesehenen Termine zeigen. Mitglieder der Jüdischen Gemeinde kündigen auch weiterhin Störaktionen an.

Heftige Medienreaktionen auch in Israel. Abgeordnete verlangen von der Knesset, das israelische Parlament solle gegen die Aufführung in Frankfurt protestieren. Dagegen stellt die Tageszeitung *Chadaschot* fest, dass Fassbinders Stück schon beim Jerusalem Filmfestival als Film gezeigt wurde – ohne irgendwelche Proteste.

Zwei weitere Aufführungstermine des Frankfurter Theaters werden wieder abgesagt, weil man die Sicherheit der Zuschauer nicht garantieren könne. Neuer Premierentermin 13. 11.

Die Knesset in Jerusalem fordert die Bundesregierung und die Stadt Frankfurt auf, die Aufführung des »antisemitischen« Stückes zu verhindern.

Am 4. November findet eine vom Theater so deklarierte »Wiederholungsprobe« vor 130 Kritikern und Beschäftigten des Theaters statt, die nicht als Uraufführung gelten soll. Die große Mehrheit der deutschen und internationalen Presse wertet Aufführung und Stück als nicht antisemitisch.

Die Aufführung: Dietrich Hilsdorf (Regie), Heiko Holefleisch (Dramaturgie), Johannes Leiacker (Bühnenbild), mit Ellen Schulz (Roma B.), Cordula Gerburg (Frl. Emma von Waldenstein), Katharina Rupp (Frl. Tau), Sylvia Esser (Asbach-Lilly), Michaela Ehinger (Miss Violet), Regine Vergeen (Marie Antoinette), Karl-Heinz Merz (Achfeld), Oliver Nägele (Kraus, Peter), Klaus-Henner Russius (Müller II), Michael Schlegelberger (Franz B.), Michael Quast (Der kleine Prinz), Werner Schuchow (Hans von Gluck), Rainer Steffen (Oscar von Leiden), Axel Böhmert (Hellfritz, Tenor), Uwe Eric Laufenberg (Jim), Edgar M. Böhlke (A., genannt »der Reiche Jude«), Franz Nagler (Der Zwerg), Ernst August Schepmann (Herr Müller), Sonja Mustoff (Frau Müller).

Mit Hilfe einer Zivilklage will ein Frankfurter Kaufmann die Uraufführung des Stückes durch eine einstweilige Verfügung verhindern. Im Falle eines Verstoßes soll der Intendant des Theaters zu 500.000 Mark Ordnungsgeld verurteilt werden. Die Klage wird abgewiesen: Das Landgericht Frankfurt stellt fest, dass nach den vorgelegten Kritiken der »Gesamteindruck der Inszenierung nicht als antisemitisch angesehen werden kann.«

Ein halbes Hundert renommierte deutsche Regisseure und Intendanten fordern den Frankfurter Oberbürgermeister auf, für die ungestörte Aufführung des Fassbinder-Stückes einzutreten.

Intendant Rühle gibt am 11. 11. bekannt, auf die Aufführung des Stückes vorerst zu verzichten, weil »die Auseinandersetzungen eine solche Verfestigung der Standpunkte erreicht haben, dass eine erkennende Wahrnehmung des Stücks nicht mehr gewährleistet ist.«
Damit ist auch ein Rechtsstreit beendet, den zehn jüdische Bürger gegen die Stadt Frankfurt angestrengt hatten. Das Gericht verurteilte die Kläger jedoch zur Übernahme sämtlicher Kosten des Verfahrens, weil die Kläger nicht glaubhaft machen konnten, dass die vorgesehene Aufführung antisemitisch sei. Unter anderem heißt es in dem Gerichtsbeschluss: »Bei einem Theaterstück, in dem das Problem des Antisemitismus angesprochen wird, umfasst die Kunstfreiheit auch die Möglichkeit, einzelnen Personen des Stücks antisemitische Äußerungen in den Mund zu legen.« Zu berücksichtigen sei dabei, »dass die beanstandeten Äuße-

rungen auf einer Bühne fallen, also in der fiktiven Realität einer Theateraufführung«, und dass sie dabei »einer eindeutig negativ gezeigten Person in den Mund gelegt werden.« (Aktenzeichen: 2/4 Ö 3131/85).

Nach Beratungen mit Urheberrechtsexperten und dem Verband Deutscher Bühnenverleger ist der Verlag der Autoren zu der Einschätzung gelangt, dass die sogenannte Wiederholungsprobe als die Uraufführung des Werkes zu werten ist. Die veröffentlichte Meinung von 130 internationalen Kritikern ist wohl genügend Öffentlichkeit für die erstmalige Vorstellung eines Werkes. Damit ist der Verfügung des Autors Genüge getan.

Ende 1985 wird das Stück am Schauspielhaus Bochum und am Theater Oberhausen in szenischen Lesungen ohne Störungen vorgestellt.

1986
Das Staatstheater Kassel setzt nach Protesten am 3. Januar eine Lesung des Stückes ab.
Dafür findet am 26. 1. eine Diskussion unter dem Titel *Vorsicht Fassbinder!* statt. Mit u.a. Yaacov Ben-Chanan, Walter Boehlich, Daniel Cohn-Bendit, Heiko Holefleisch, Gerhard Zwerenz.

Am 12. Januar szenische Lesung des Stückes am Theater de Balie in Amsterdam unter Beifall und Protest. Regie: Peter de Baan.

Das Frankfurter Kino Harmonie zeigt im Januar unbeanstandet die Verfilmung des Stückes *Schatten der Engel.*

Lesungen und Diskussionen in Köln, Osnabrück, München und anderen Städten.

Der Verlag der Autoren erwirkt am 14. Februar eine einstweilige Verfügung gegen den März Verlag, der Gerhard Zwerenz' Roman *Die Erde ist unbewohnbar wie der Mond* zusammen mit Fassbinders gleichnamigen und unverfilmten Drehbuch nach dem Roman von Zwerenz ohne eine entsprechende Lizenz der Rechteinhaber veröffentlichen will. März-Verleger Schroeder gründet darauf den April, April! Verlag und liefert das Buch mit beiden Werken am 13. März aus, bevor eine einstweilige Verfügung des Verlages der Autoren gegen den April, April! Verlag wirksam werden kann.

Ebenfalls im März reicht Gerhard Zwerenz gegen den Verlag der Autoren eine Urheberrechtsklage ein, in der Absicht, im Falle eines Erfolges weitere Aufführungen des Stückes *Der Müll, die Stadt und der Tod* untersagen zu können. Das Drama, so behauptet er, gehe auf seinen Roman *Die Erde ist unbewohnbar wie der Mond* zurück und sei damit eine »abhängige Bearbeitung« (Plagiat) des Romans, es bedürfe deshalb einer Genehmigung des Romanautors. Am 30. Mai verliert Zwerenz den Streit um die Urheberrechte an Fassbinders Stück. Bei dem

Stück handele es sich um eine »freie Benutzung« des Romans. Das Stück hat nach Auffassung des Gerichts »objektiv einen solchen Grad von »Selbständigkeit und Eigenart aufzuweisen, dass die entlehnten Züge des Romans verblassen«. Eine »Anlehnung Fassbinders an nicht gemeinfreie Handlungskerne« sei nicht ersichtlich. Zwerenz legt am 25. Juni gegen die Entscheidung Berufung ein, die er am 4. Februar 1988 nach dem Gerichtsgutachten des Frankfurter Germanisten Norbert Altenhofer wieder zurückzieht. Die Jüdische Gemeinde trägt für Zwerenz die Kosten des Verfahrens.

Nach einer Entscheidung des Landgerichts Frankfurt vom 10. Juli darf nicht mehr verbreitet werden, der Intendant des Frankfurter Schauspiels, Günther Rühle, habe die Uraufführung des Fassbinder-Stücks damit begründet, dass die »Schonzeit für Juden« beendet sei. Das Gericht bestätigt damit die einstweilige Verfügung gegen die Autoren, Herausgeber und Verlage der Publikationen *Der ewige Antisemit* von Henryk M. Broder (Fischer Taschenbuch, Frankfurt/M). und *Die Fassbinder-Kontroverse oder Das Ende der Schonzeit*, herausgegeben von Heiner Lichtenstein (Athenäum Verlag, Königstein/Ts.).

1987
Amerikanische Erstaufführung des Stückes an einem kleinen Off-off-Theater in New York, dem Thieves Theatre, in einer Inszenierung von Nick Fracaro. Ohne sonderliche Resonanz in den USA, jedoch starkes Medienecho in Deutschland.

Dänische Erstaufführung am 7. 11. am Mammuttheater in Kopenhagen, wo das Stück wochenlang vor ausverkauftem Haus läuft. Regie: Klaus Hoffmeyer.
Dänische Buchausgabe im Teaterforlaget DRAMA.

Die niederländische Erstaufführung im Theater de Lantaren in Rotterdam wird am 18. November nach einem heftigen Eklat vom Spielplan abgesetzt. Der jüdische Schauspieler Jules Croiset, einer der Wortführer der Aufführungsgegner, inszeniert eine Kampagne, in deren Verlauf er seine Entführung durch Neonazis vortäuscht. Er behauptet, gefoltert und mit einem Hakenkreuz beschmiert worden zu sein. Als die Polizei den wahren Tatbestand aufdeckt, gesteht er außerdem, Absender von fingierten antisemitischen Drohbriefen und Bombendrohungen gegen Gegner der Aufführung zu sein.

Auch die Aufführung der Schauspielschule Amsterdam am 23. 11. wird nach heftigen Protesten niederländischer Juden vom Programm abgesetzt.

Im Umfeld der Aufführung wird bekannt, dass der Verleger der zwei Jahre zuvor beim Verlag BZZTÔH, Den Haag, veröffentlichten und inzwischen vergriffenen Buchausgabe mit Vertretern der jüdischen Gemeinde vereinbart hat, innerhalb der nächsten zehn Jahre keine Neuauflage herauszubringen. Daraufhin organisiert ein Rundfunksender eine Lesung; die Wochenzeitung »Haagse Post« publiziert den vollständigen Stücktext.

1988
Im Herbst ein dreitägiges Gastspiel des Mammuttheaters in Stockholm. Überschwängliche Kritiken.

1989
Angeregt von dieser dänischen Aufführung kommt es am 13. 1. zur schwedischen Premiere in einem gemeinsamen Projekt zweier freier Theatergruppen, des »Volkstheaters« Malmö und der Gruppe Proteus aus Lund.

1993
1. Oktober: Aufführung am Stadsteater Göteborg.

1994
7. Mai: Aufführung Teleotheatre at The Norfolk Street Synagoge, New York

1995
13. Januar: Aufführung am Teater Galeasen, Stockholm.

1996
10. Januar: Italienische Erstaufführung des Teatro Nuovo, Neapel. Regie: Carmen Luongo und Prospero Bentivenga.

1997
12. Juni: Aufführung der Danish School of Stage Arts, Kopenhagen.
21./22. Februar und 14./15. März: The Theatre-Studio New York. Regie: Anne Raychel. Das Stück wird aufgeführt innerhalb einer Retrospektive von 9 Fassbinder-Stücken und anlässlich der ersten vollständigen Retrospektive seiner Filme in den USA und Canada, die im Museum of Modern Art, New York begann.
21. Februar bis 30. März: City Garage, Los Angeles. Regie: Frédérique Michel. Zu dieser Aufführung erscheint am 21. Februar ein umfangreicher Artikel im *Jewish Journal* von Naomi Pfefferman, der sich eingehend mit dem »kontroversen« Stück und dessen Aufführungsschwierigkeiten befasst. Am 28. März erscheint eine Kritik der Aufführung mit der Überschrift »›Garbage‹ condemns Anti-Semitism«.

1998
20. Oktober: Aufführung am Teatro dell' Elfo, Mailand. Regie: Elio de Capitani.

Geplant wird eine Aufführung im Mai/Juni 1999 am Maxim Gorki Theater, Berlin, als Doppelprojekt mit einer Dramatisierung von Döblins Roman *Berlin Alexanderplatz.* Bereits die Ankündigung des Stückes im Herbst 1998 löst heftige Proteste aus verbunden mit der Drohung, die Aufführung mit allen Mitteln zu verhindern. Das Maxim Gorki Theater nimmt daraufhin im Oktober 1998 von einer Aufführung Abstand. Der Intendant Bernd Wilms schreibt in einer Presseerklärung zur Absage des Stückes: »Zahlreiche Gespräche in den vergangenen Wochen, auch mit Vertretern der Jüdischen Gemeinde in Berlin, haben zu keiner Annäherung geführt. Wir lesen das Stück inzwischen nicht anders und sind davon überzeugt, dass es weder antisemitisch ist noch dem Antisemitismus Vorschub leistet. Aber wir nehmen die geäußerten Ängste ernst, und an einer Machtprobe ist uns nicht gelegen.«

Fortsetzung offen.

Kurze Bibliografie

Die Vorgänge um das Stück sowie die Kritiken zur Uraufführung sind dokumentiert in den beiden Bänden *Fassbinder und kein Ende,* Frankfurt 1985, und *Der Fall Fassbinder,* Frankfurt 1987, beide herausgegeben vom Schauspiel Frankfurt, zusammengestellt und kommentiert von Günther Rühle und Heiko Holefleisch.
Eine Darstellung der Konflikte um das Stück und besonders der Frankfurter Vorgänge enthält auch die TheaterZeitschrift, Nr. 14/Winter 1985/86, Berlin.

Norbert Altenhofer, *Poesie als Auslegung*. Hg. von Volker Bohn und Leonhard M. Fiedler. Heidelberg 1993. (Enthält das Gutachten zu dem Urheberstreit mit G. Zwerenz.)
Elisabeth Kiderlen (Hg.), *Deutsch-jüdische Normalität. Fassbinders Sprengsätze,* Pflasterstrand Flugschrift I, Frankfurt am Main 1985
Horst Laube, *Theaterbuch 1*, München 1978
Heiner Lichtenstein (Hg), *Die Fassbinder-Kontroverse oder Das Ende der Schonzeit,* Königstein 1986
Juliane Lorenz (Hg.), *Rainer Werner Fassbinder. Dichter, Schauspieler, Filmemacher. Katalog zur Werkschau,* Berlin 1992
Peter Menne, *Die Dramatisierung eines Romans. Eine vergleichende Untersuchung zu Gerhard Zwerenz ›Die Erde ist unbewohnbar wie der Mond‹ und Rainer Werner Fassbinder ›Der Müll die Stadt und der Tod.‹«,*

Magisterarbeit im Fach »Neuere deutsche Literatur« der Universität Marburg, mit einer ausführlichen Bibliographie (Band 2)
Schauspiel Frankfurt, Programmheft zu dem Stück, Heft 3/1985/86
Ulrich Sonnemann, *Geschichtsverdrängung als Selbstbetrug,* L'80, Heft 34/1985
Gerhard Zwerenz, *Die Rückkehr des toten Juden nach Deutschland,* Ismaning 1986
Christian Braad Thomsen, *Rainer Werner Fassbinder. Leben und Werk eines masslosen Genies.* Hamburg 1992 im Vertrieb von Zweitausendeins, Frankfurt am Main

Rainer Werner Fassbinder, geboren am 31. 5. 1945 in Bad Wörishofen, gestorben am 10. 6. 1982 in München.

Buchpublikationen Theater: *Antiteater* Frankfurt/ M. 1970; *Antiteater 2* Frankfurt/M. 1972; *Stücke 3* Frankfurt/M. 1976; *Katzelmacher. Preparadise sorry now.* Zwei Stücke, Frankfurt/M. 1982; *Bremer Freiheit. Blut am Hals der Katze.* Zwei Stücke, Frankfurt/M. 1984; *Anarchie in Bayern und andere Stücke* Frankfurt/M. 1985.

Film: *Schatten der Engel* Frankfurt/M. 1976; *Angst essen Seele auf* Kopenhagen 1978; *Der Film Berlin Alexanderplatz.* Arbeitsjournal, zusammen mit Harry Baer, Frankfurt/M. 1980; *Filme befreien den Kopf.* Essays und Arbeitsnotizen. Hrsg. von Michael Töteberg, Frankfurt/M. 1984; *Die Kinofilme 1.* Hrsg. von Michael Töteberg, München 1987; *Fassbinders Filme 2.* Hrsg. von Michael Töteberg, Frankfurt/M. 1990; *Fassbinders Filme 3,* Frankfurt/ M. 1990; *Fassbinders Filme 4/5.* Zwei Bände in Kassette, Frankfurt/M. 1991.

Die Anarchie der Phantasie. Gespräche und Interviews. Hrsg. von Michael Töteberg 1986; *Rainer Werner Fassbinder. Dichter, Schauspieler, Filmemacher; Werkschau Katalog.* Hrsg. von der Rainer Werner Fassbinder Foundation und Juliane Lorenz, Berlin 1992.

Das ganz ganz normale Chaos. Gespräche über Rainer Werner Fassbinder. Hrsg. von Juliane Lorenz, Berlin 1995 (mit einem Gespräch u.a. mit Daniel

Schmid über die Entstehung des Stückes und des Filmes »Schatten der Engel«).

Theaterstücke: *Nur eine Scheibe Brot,* U: Bregenzer Festspiele 1995; *Tropfen auf heiße Steine,* U: Internationales TheaterFestival München 1985; *Katzelmacher* U: Action-Theater München 1967; *Iphigenie auf Tauris von Johann Wolfgang von Goethe* U: antiteater München 1968; *Der amerikanische Soldat* U: antiteater München 1968; *Die Bettleroper* nach John Gay, U: antiteater München 1969; *Preparadise sorry now* U: antiteater München 1969; *Anarchie in Bayern* U: antiteater im Werkraum-Theater München 1969; *Das Kaffeehaus* nach Goldoni, U: Theater der Freien Hansestadt Bremen 1969; *Werwolf* zusammen mit Harry Baer, U: antiteater im Forum-Theater Berlin 1969; *Das brennende Dorf* nach Lope de Vega, U: Theater der Freien Hansestadt Bremen 1970; *Blut am Hals der Katze* U: Städtische Bühnen Nürnberg 1971; *Bremer Freiheit* U: Theater der Freien Hansestadt Bremen 1971; *Die bitteren Tränen der Petra von Kant* U: Landestheater Darmstadt 1971; *Der Müll, die Stadt und der Tod* U: Schauspiel Frankfurt 1985.

Filme: *Liebe ist kälter als der Tod* 1969; *Katzelmacher* 1969; *Götter der Pest* 1969; *Warum läuft Herr R. Amok?* 1969; *Rio das Mortes* 1970; *Die Niklashauser Fart* 1970; *Der amerikanische Soldat* 1970; *Warnung vor einer heiligen Nutte* 1970; *Pioniere in Ingolstadt* nach Marieluise Fleißer 1970; *Die Händler der vier*

Jahreszeiten 1971; *Die bitteren Tränen der Petra von Kant* 1972; *Wildwechsel* nach Franz Xaver Kroetz 1972; *Acht Stunden sind kein Tag* Fünf Folgen 1972; *Welt am Draht* Zwei Folgen 1973; *Angst essen Seele auf* 1973; *Martha* 1973; *Nora Helmer* nach Henrik Ibsen 1973; *Fontane Effi Briest* 1974; *Wie ein Vogel auf dem Draht* 1974; *Faustrecht der Freiheit* 1975; *Mutter Küsters' Fahrt zum Himmel* 1975; *Angst vor der Angst* 1975; *Ich will doch nur, dass ihr mich liebt* 1976; *Chinesisches Roulette* 1976; *Satansbraten* 1976; *Bolwieser* nach Oskar Maria Graf 1977; Beitrag zu *Deutschland im Herbst* 1978; *Despair – Eine Reise ins Licht* nach Vladimir Nabokov 1978; *In einem Jahr mit 13 Monden* 1978; *Die Ehe der Maria Braun* 1978; *Die dritte Generation* 1979; *Berlin Alexanderplatz* nach Alfred Döblin, 14 Folgen 1980; *Lili Marleen* 1980; *Lola* 1981; *Theater in Trance* 1981; *Die Sehnsucht der Veronika Voss* 1982; *Querelle* nach Jean Genet 1982.

Hörspiele: *Preparadise sorry now* 1970; *Ganz in Weiß* 1970; *Iphigenie auf Tauris von Johann Wolfgang von Goethe* 1971; *Keiner ist böse und keiner ist gut* 1971.

Theateraufführungen nach Filmen: *In einem Jahr mit 13 Monden* U: Théâtre National de Strasbourg/ Festival Avignon 1994; *Angst essen Seele auf* U: Theater am Halleschen Ufer 1995; *Händler der vier Jahreszeiten* U: Niedersächsische Staatstheater Hannover 1997.
Aufführungsrechte beim Verlag der Autoren: *Kat-*

zelmacher; Iphigenie auf Tauris von Johann Wolfgang von Goethe; Der amerikanische Soldat; Die Bettleroper; Preparadise sorry now; Anarchie in Bayern; Das Kaffeehaus; Werwolf; Das brennende Dorf; Blut am Hals der Katze; Bremer Freiheit; Die bitteren Tränen der Petra von Kant; Der Müll, die Stadt und der Tod; Tropfen auf heiße Steine; Nur eine Scheibe Brot; Angst essen Seele auf; Händler der vier Jahreszeiten; In einem Jahr mit 13 Monden.